LÉON TOLSTOÏ

GUERRE

ET

RÉVOLUTION

— LA FIN D'UN MONDE —

TRADUIT DU RUSSE

Par E. HALPÉRINE-KAMINSKY

PARIS

BIBLIOTHÈQUE-CHARPENTIER

EUGÈNE FASQUELLE, ÉDITEUR

11, RUE DE GRENELLE, 11

1906

GUERRE ET RÉVOLUTION

EUGÈNE FASQUELLE, ÉDITEUR, 11, RUE DE GRENELLE

OUVRAGES DU MÊME AUTEUR

PUBLIÉS DANS LA **BIBLIOTHÈQUE-CHARPENTIER**

à **3** fr. **50** le volume.

PLAISIRS VICIEUX, traduit du russe par HALPÉRINE-KAMINSKY, préface par Alexandre DUMAS, de l'Académie française (3ᵉ mille) . . . . 1 vol.

PLAISIRS CRUELS, contenant la profession de foi de l'auteur, traduit du russe par HALPÉRINE-KAMINSKY, préface par Charles RICHET, professeur à la Faculté de médecine de Paris (3ᵉ mille) . . . . . . 1 vol.

LA VRAIE VIE, traduit du russe par HALPÉRINE-KAMINSKY (7ᵉ mille) . . . . 1 vol.

APPELS AUX DIRIGEANTS, traduction de HALPÉRINE-KAMINSKY. . . . . 1 vol.

CONSEILS AUX DIRIGÉS, traduction de HALPÉRINE-KAMINSKY. . . . . 1 vol.

LE GRAND CRIME, traduction de HALPÉRINE-KAMINSKY (3ᵉ mille). . . . . 1 vol.

Il a été tiré de cet ouvrage
cinq exemplaires numérotés sur papier de Hollande.

Paris. — L. MARETHEUX, imprimeur, 1, rue Cassette. — 11816.

LÉON TOLSTOÏ

GUERRE ET RÉVOLUTION

— LA FIN D'UN MONDE —

TRADUIT DU RUSSE PAR

E. HALPÉRINE-KAMINSKY

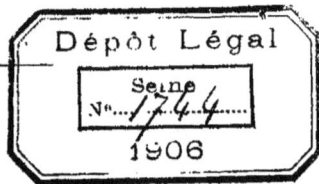

PARIS

BIBLIOTHÈQUE-CHARPENTIER
EUGÈNE FASQUELLE, ÉDITEUR
11, RUE DE GRENELLE, 11
1906

GUERRE ET RÉVOLUTION

(LA FIN D'UN MONDE)

LA LEÇON DE LA GUERRE

> Ainsi vois si la lumière qui est
> en toi n'est pas ténèbres.
> (MATHIEU, VI, 23.)
>
> Il a aveuglé leurs yeux et a en-
> durci leurs cœurs, de sorte qu'ils ne
> voient point des yeux, qu'ils ne com-
> prennent plus du cœur, et qu'ils ne
> se convertissent point et que je ne
> les guérisse point.
> (JEAN, XII, 40.)

I

LA GUERRE RUSSO-JAPONAISE

Durant près de deux ans la guerre a
ensanglanté l'Extrême-Orient. Plusieurs
centaines de milliers de vies humaines y
furent sacrifiées. En Russie, autant de
milliers de réservistes furent arrachés à
leurs familles et envoyés sur les champs

1

de bataille. Ces hommes, le désespoir et la crainte au cœur, ou avec une bravoure de parade suscitée par l'eau-de-vie, montaient avec résignation dans les wagons et étaient transportés à toute vapeur, là où d'autres hommes, amenés de même, mouraient, — ils le savaient, — au milieu d'atroces souffrances. A chaque étape, ils rencontraient d'ailleurs des milliers d'êtres mutilés qu'on ramenait et qui étaient partis jeunes et robustes.

Tous ces hommes songeaient avec terreur à ce qui les attendait, et ils y allaient quand même, sans protester, cherchant à se persuader qu'il n'en saurait être autrement.

Pourquoi cela?

Pourquoi s'en vont-ils là-bas?

Sans aucun doute, nul parmi eux ne tient à commettre les actes auxquels il se livre. Non seulement ils n'en ont aucun motif et ne veulent point participer à cette lutte, mais ils ne peuvent même pas s'expliquer pourquoi elle a été entreprise. D'ailleurs, ni les milliers, ni les millions d'hommes qui participent directement ou indirectement à cette œuvre, ni personne au monde ne saurait expliquer sa raison d'être, parce qu'il n'en est pas, et il ne peut y en avoir *aucune* explication sensée.

La situation de ceux qui y participent et celle des autres qui la regardent faire, rappellent, les uns, des voyageurs parqués dans des wagons et roulant sur une pente vers un pont effondré au-dessus d'un précipice, les autres, des hommes demeurant en spectateurs impuissants devant l'imminence de la catastrophe.

Ainsi, des millions d'hommes s'entre-tuent sans aucun motif, ni désir, et, tout en ayant conscience de la folie de cette lutte, ne peuvent s'arrêter.

On a dit qu'une semaine ne se passait sans amener de Mandchourie des

centaines d'aliénés. Mais est-ce que les
milliers et les milliers de gens qui s'y
rendaient étaient moins fous? Est-ce que
tout homme sain d'esprit peut, quelle que
soit la pression exercée sur lui, aller tuer
ses semblables, accomplir une œuvre
folle, dangereuse, répugnant à tout son
être?

Comment comprendre cela? D'où vient
cela? Qui ou quoi en est la cause?

On ne saurait prétendre qu'elle est
dans les soldats, russes ou japonais, qui
font tout leur possible pour tuer, mutiler
le plus grand nombre d'entre eux, et qui,
cependant, n'avaient jamais de motif de
s'en vouloir et ne s'étaient même pas ren-
contrés. De fait, non seulement ils ne
nourrissaient aucune haine les uns pour
les autres, mais quelques mois aupara-
vant les Russes ne se doutaient pas de
l'existence des Japonais comme ceux-ci
ignoraient ceux-là. D'ailleurs, lorsqu'ils

se rencontraient dans les intervalles des combats, ils s'entretenaient amicalement.

On ne saurait dire non plus, que la faute en est aux officiers, aux chefs qui conduisent les soldats, aux divers fonctionnaires ou fournisseurs d'armes et de munitions, aux ingénieurs construisant des forteresses. Les nécessités de leur existence, leurs faiblesses, tout leur passé, leur créent une situation en tout point semblable à celle d'un cheval attelé qu'on fait marcher en le fouettant par derrière, sinon à celle d'un chien affamé qu'on attire dans sa niche en promenant un morceau de viande sous son nez.

Tous ces généraux, officiers, fonctionnaires, diplomates, sont tellement aveuglés depuis leur enfance qu'il leur est impossible de ne pas commettre la mauvaise petite action d'où résulte l'immense œuvre de mort qui se perpètre aujour-

1.

d'hui. C'est pourquoi on ne peut leur en
imputer la faute.

Où en est la cause? Qui est le coupable? Le Mikado? Le Tsar? Il semble tout
d'abord que ce soient eux les coupables,
car ils ne peùvent être forcés par personne, ni séduits par rien.

Il semble qu'il aurait suffi à Nicolas II
de ne pas ordonner les actes qui ont été
commis en Mandchourie et en Corée, et
d'accéder aux demandes du Japon pour
que la guerre n'éclatât point. Tout dépen-
dait donc de lui, semble-t-il.

Je ne saurais me prononcer au sujet
du Mikado, mais d'après ce que je sais
des chefs d'États en général, je suis con-
vaincu qu'il se trouve dans les mêmes conditions que ses confrères. De Nicolas II,
je sais que c'est un homme très ordinaire, superstitieux, peu cultivé, et qui,
par suite, n'a pu aucunement être la
cause des événements qui se sont pro-

duits en Extrême-Orient et dont les conséquences sont si grandes.

Comment serait-il possible, en effet,
que l'activité de millions d'hommes soit
dirigée vers un but contraire à leur
volonté et à leur intérêt par la volonté
d'un seul qui, sous bien des rapports,
est au-dessous du niveau moral et intellectuel de ceux que son prétendu caprice
sacrifie?

Pourquoi dès lors le Tsar et le Mikado
apparaissent-ils comme la cause première de la guerre?

Parce qu'il se produit ici un phénomène semblable à celui qui permet d'at-
tribuer l'explosion d'une ville minée à la
personne qui a mis le feu à l'explosif.

● Ce n'est ni le Tsar ni le Mikado qui
sont cause de la guerre, mais bien l'ordre
des choses qui leur facilite les entreprises néfastes et cause le malheur de
millions d'hommes. C'est donc le méca-

nisme social qui est le coupable, et par suite coupables sont ceux qui l'ont établi.

Quel est ce mécanisme, et quels en sont les auteurs ?

II

LA MACHINE GOUVERNEMENTALE

Ce mécanisme est connu depuis longtemps, et depuis longtemps aussi est
connue son œuvre. C'est le même qui a
permis en Russie les férocités du dé-
traqué Ivan le Terrible, les cruautés
bestiales de l'aviné Pierre Ier, insultant,
en compagnie d'autres ivrognes, tout ce
qui est sacré aux hommes; les mœurs
dissolues de l'ignorante cantinière Catherine Ire, les hauts faits de l'Allemand

Biron qui gouverna pour la seule raison
qu'il était l'amant de la tsarine Anna, qui,
femme médiocre, était, elle aussi, complètement étrangère à la Russie. Ce mécanisme sert successivement une autre
Anna, maîtresse d'un autre Allemand,
parce que c'était dans l'intérêt de quelques-uns de reconnaître comme empe-
reur son fils, l'enfant Ivan, le même qui
sera détenu en prison, puis tué sur
l'ordre de Catherine II. C'est Élisabeth,
la fille débauchée de Pierre Ier, qui envoie
son armée combattre les Prussiens et à
la mort de laquelle son neveu, un Allemand qu'elle a fait venir d'Allemagne et
qui, lui succédant, donne l'ordre à cette
même armée de combattre pour les
Prussiens. Cet Allemand, mari de Catherine II, est tué par elle, également Alle-
mande. Puis elle se met à diriger le pays
en compagnie de ses amants, leur fait
don de milliers de paysans russes et

rédige à leur profit des projets d'expé-
ditions, tantôt grecque, tantôt hindoue,
en vue de la réalisation desquels elle fait
périr des millions d'êtres humains.

Elle morte, c'est le dégénéré Paul qui
préside aux destinées de la Russie et de
sa population comme y peut présider un
aliéné. Il est assassiné avec le consentement de son propre fils. Et ce parricide
règne pendant vingt-cinq ans, tantôt s'al-
liant à Napoléon, tantôt guerroyant contre
lui, tantôt imaginant des constitutions
pour la Russie, tantôt livrant le peuple
qu'il méprisait au terrible Araktcheïev.

Ensuite, c'est le règne du soldat brutal,
du cruel et ignorant Nicolas Ier; puis c'est
Alexandre II, peu intelligent, plutôt mauvais que bon, tantôt libéral, tantôt despotique; ou bien Alexandre III, celui-ci
à coup sûr un sot, brutal et ignorant.

Enfin, sur le trône monte un innocent
officier de hussards, qui imagine avec

ses séides son expédition mandchou-
coréenne, engloutissant des centaines
de milliers de vies et des milliards de
roubles.

N'est-ce pas terrifiant? Terrifiant surtout parce que, même cette folie sanguinaire terminée, une nouvelle fantaisie
peut surgir demain dans la faible tête de
cet omnipotent, et, de concert avec son
entourage de coquins, il entreprendra
une campagne africaine, américaine ou
indienne, et de nouveau on saignera les
Russes à blanc et on les enverra assas-
siner à l'autre bout du monde.

D'ailleurs, ces choses se sont passées
et se passent non seulement en Russie,
mais partout où existe un gouvernement,
c'est-à-dire un régime sous lequel une
infime minorité peut forcer la grande
masse d'obéir à sa volonté. Toute l'histoire européenne est une suite ininterrompue de récits des fureurs de princes

montant successivement sur le trône, menant une vie de débauchés, d'assassins et de brigands, et, surtout, causant le pervertissement du peuple.

En Angleterre, monte sur le trône le cruel et débauché Henri VIII, et, à seule fin de se débarrasser de sa femme et d'épouser sa maîtresse, il imagine une nouvelle confession chrétienne, oblige son peuple à s'y convertir, ce qui allume la guerre religieuse et amène la perte de millions de vies.

Ou bien c'est Cromwell, hypocrite insigne et scélérat, qui se saisit de la machine gouvernementale, exécute un autre hypocrite, Charles Ier, sacrifie impitoyablement des millions de victimes et détruit cette même liberté qu'il prétendait défendre.

En France, c'est une série de Louis et de Charles qui dirigent la machine, et dont le règne est également une succession de

2

crimes : meurtres, exécutions en masse ou isolées, guerres et ruines nationales.

On exécute enfin l'un d'eux, et aussitôt des Marat et des Robespierre accaparent à leur tour la machine gouvernementale et commettent des crimes plus horribles encore parce qu'ils immolent non seulement des vies humaines, mais les hautes vérités proclamées par les hommes du temps.

Le pouvoir tombe entre les mains de Napoléon, et tout le continent européen est jonché de cadavres.

Les chefs d'États se montrent aussi sots, aussi immoraux en Autriche, en Italie, en Prusse, et aussi funestes sont leurs actes pour leurs peuples.

Et ce n'est point l'histoire du passé, de ce qui a été et ne se renouvellera plus ; cela se passe de nos jours encore, et partout, dans les États les plus libres ou soi-disant tels, sous le régime démocratique comme sous le régime despotique : en

Angleterre et en Turquie, en Allemagne
et en Abyssinie, en France et en Russie,
aux États-Unis d'Amérique et au Maroc,
partout où fonctionne la machine qu'on
nomme gouvernement.

Malgré les chartes et constitutions,
naissent des guerres sans motif sérieux,
simplement en raison de rivalités des
partis politiques.

C'est ainsi que furent déclarées les der-
nières guerres par les Français; par
les Anglais contre les Boërs, au Thi-
bet, en Égypte; par les Italiens en Abyssinie; par les cinq puissances (Russie,
France, Angleterre, Amérique, Japon)
contre la Chine; par la Russie contre le
Japon.

Partout où existe une institution per-
mettant à la minorité d'imposer à la majorité ce que celle-là décrète pour loi ou
règlement administratif, tout individu de
la majorité est constamment menacé, lui

et sa famille, des plus grands dangers, de malheurs dus, non à des cataclysmes sismiques indépendants de notre volonté, mais à la poignée d'hommes dont nous subissons volontairement la servitude.

III

LA SERVITUDE VOLONTAIRE

Voici ce qu'écrivait à ce sujet, au xvi° siècle déjà, l'écrivain français La Boétie :

« Il est raisonnable d'aymer la vertu, d'estimer les beaulx faicts, de cognoistre le bien d'où l'on l'a receu, et diminuer souvent de nostre ayse, pour augmenter l'honneur et advantaige de celuy qu'on ayme, et qui le merite: Ainsy doncques, si les habitants d'un païs ont trouvé quel-

que grand personnaige qui leur ayt mons-
tré par espreuve une grande prevoyance
pour les garder, grande hardiesse pour
les deffendre, un grand soing pour les
gouverner; si, de là en avant, ils s'appri-
voysent de lui obeïr, et s'en fier tant que
luy donner quelques advantaiges, ie ne
sçais si ce seroit sagesse, de tant qu'on
l'oste de là où il faisoit bien, pour l'ad-
vancer en lieu où il pourra mal faire :
mais, certes, si ne pourroit-il faillir d'y
avoir de la bonté, de ne craindre poinct
mal de celuy duquel on n'a receu que
bien.

« Mais, ô bon Dieu! que peut estre
cela? comment dirons-nous que cela s'appelle? quel malheur est cestuy là? ou quel
vice? ou plustost quel malheureux vice?
veoir un nombre infiny, non pas obeïr,
mais servir: non pas estre gouvernez,
mais tyrannisez; n'ayants ni biens, ny
parents, ni enfants, ny leur vie mesme,

qui soit à eulx! Souffrir les pilleries, les
paillardises, les cruaultez, non pas d'une
armee, non pas d'un camp barbare contre
lequel il fauldrait despendre son sang et
sa vie devant; mais d'un seul! non pas
d'un Hercules, ne d'un Samson; mais d'un
seul hommeau, et le plus souvent du plus
lasche et femenin de la nation; non pas
accoustumé à la pouldre des batailles,
mais encores à grand'peine au sable des
tournois; non pas qui puisse par force
commander aux hommes, mais tout em-
pesché de servir vilement à la moindre
femmelette! Appellerons nous cela lascheté? Dirons-nous que ceulx là qui servent, soyent couards et recreus? Si deux,
si trois, si quatre ne se deffendent d'un,
cela est estrange, mais toutesfois possible;
bien pourra l'on dire lors, à bon droict,
que c'est faulte de cœur: mais si cent, si
mille endurent d'un seul, ne dira t'on pas
qu'ils ne veulent poinct, non qu'ils n'osent

pas se prendre à luy, et que c'est, non
couardise, mais plutost mespris et des-
daing. Si l'on veoid, non pas cent, non
pas mille hommes, mais cent païs, mille
villes, un million d'hommes, n'assaillir
pas un seul, duquel le mieulx traicté de
touts en receoit ce mal d'estre serf et
esclave, comment pourrions nous nommer cela? est ce lascheté?

« Or, il y a en touts vices naturellement quelque borne, oultre laquelle ils
ne peuvent passer : deux peuvent craindre
un, et possible dix; mais mille, mais un
million, mais mille villes, si elles ne se
deffendent d'un, cela n'est pas couardise, elle ne va poinct iusques là; non
plus que la vaillance ne s'estend pas qu'un
seul eschelle une forteresse, qu'il assaille
une armee, qu'il conquiere un roïaume.
Doncques quel monstre de vice est cecy,
qui ne merite pas encore le tiltre de
couardise? qui ne treuve de nom assez

vilain, que nature desadvoue avoir faict,
et la langue refuse de le nommer? »

« C'est chose estrange d'ouïr parler de
la vaillance que la liberté met dans le
cœur de ceulx qui la deffendent; mais ce
qui se faict en touts païs, par touts les
hommes, touts les iours, qu'un homme
seul mastine cent mille villes, et les prive
de leur liberté; qui le croiroit, s'il ne
faisoit que l'ouïr dire, et non le veoir? et,
s'il ne se veoyoit qu'en païs estranges et
loingtaines terres, et qu'on le dist; qui
ne penseroit que cela feust plustost feinct
et controuvé, que non pas véritable? Encores ce seul tyran, il n'est pas besoing
de le combattre, il n'est pas besoing de
s'en deffendre; il est de soy mesme des-
faict. Mais que le païs ne consente à la
servitude, il ne fault pas lui rien oster,
mais ne lui donner rien; il n'est poinct
besoing que le païs se mette en peine de
faire rien pour soy, mais qu'il ne se

mette pas en peine de faire rien contre
soy. Ce sont doncques les peuples mesmes qui se laissent, ou plustost se font
gourmander, puis qu'en cessant de servir
ils en seroient quites, c'est le peuple qui
s'asservit; qui se coupe la gorge; qui,
ayant le choix d'estre subiect ou d'estre
libre, quite sa franchise, et prend le
ioug; qui consent à son mal, ou plustost
le pourchasse. S'il lui coustoit quelque
chose de recouvrer sa liberté, il ne l'en
presseroit poinct, combien que ce soit ce
que l'homme doibt avoir plus cher que
de se remettre en son droict naturel, et,
par maniere de dire, de beste à revenir à
homme; mais encores ie ne luy permets
poinct qu'il ayme mieulx une ie ne sçais
quelle seureté de vivre à son ayse. Quoy!
si pour avoir la liberté, il ne lui fault que
la desirer; s'il n'a besoing que d'un simple vouloir, se trouvera il nation au
monde qui l'estime trop chere, la pou-

vant gaigner d'un seul souhaict? et qui
plaigne sa volonté à recouvrer le bien
lequel on debvroit racheter au prix de
son sang? et lequel perdu, touts les gents
d'honneur doibvent estimer la vie des-
plaisante et la mort salutaire? Certes,
tout ainsi comme le feu d'une petite es-
tincelle devient grand, et tousiours se
renforce, et plus il trouve de bois, et plus
est prest d'en brusler; et, sans qu'on y
mette de l'eau pour l'esteindre, seulement en n'y mettant plus de bois, n'ayant
plus que consumer, il se consume soy
mesme, et devient sans forme aulcune et
n'est plus feu : pareillement les tyrans,
plus ils pillent, plus ils exigent, plus ils
ruynent et destruisent, plus on leur
baille, plus on les sert; d'autant plus ils
se fortifient, deviennent tousiours plus
forts et plus frez pour anéantir et destruire tout; et, si on ne leur baille rien,
si on ne leur obeït poinct, sans combattre,

sans frapper, ils demeurent nuds et des-
faicts, et ne sont plus rien, si non que
comme la racine, n'ayant plus d'humeur
et aliment, devient une branche seiche
et morte.

« Les hardis, pour acquerir le bien qu'ils
demandent, ne craignent point le dangier;
les advisez ne refusent poinct la peine : les
lasches et engourdis ne sçavent ni endurer
le mal, ny recouvrer le bien ; il s'arrestent
en cela de le souhaicter, et la vertu d'y
pretendre leur est ostee par leur lascheté ;
le desir de l'avoir leur demeure par la
nature. Ce desir, cette volonté, est commune aux sages et aux indiscrets, au
courageux et aux couards, pour souhaiter
toutes choses qui, estant acquises, les
rendroient heureux et contents : une seule
en est a dire, en laquelle ie ne sçais comme
nature default aux hommes pour la desirer:
c'est la liberté, qui est toutesfois un bien
si grand et si plaisant, que, elle perdue,

touls les maulx viennent à la file, et les
biens mesmes qui demeurent aprez elles
perdent entierement leur goust et leur
saveur, corrompus par la servitude : la
seule liberté, les hommes ne la desirent
poinct, non pas pour aultre raison, ce me
semblent, si non pource que, s'ils la desi-
roient, ils l'auroient ; comme s'ils refu-
soient faire ce bel acquest, seulement
parce qu'il est trop aysé.

« Pauvres gents et miserables, peuples
insensez, nations opiniastres en vostre
mal, et aveugles en vostre bien, vous vous
laissez emporter devant vous le plus beau
et le plus clair de vostre revenu, piller
vos champs, voler vos maisons, et les
despouiller des meubles anciens et pater-
nels ! Vous vivez de sorte que vous pouvez
dire que rien n'est à vous ; et sembleroit
que meshuy ce vous seroit grand heur, de
tenir à moitié vos biens, vos familles et
vos vies ; et tout ce degast, ce malheur,

cette ruyne, vous vient, non pas des enne-
mys, mais bien certes de l'ennemy et de
celuy que vous faictes si grand qu'il est,
pour lequel vous allez si courageusement
à la guerre, par la grandeur duquel vous
ne refusez poinct de presenter à la mort
vos personnes. Celui qui vous maistrise
tant, n'a que deux yeulx, n'a que deux
mains, n'a qu'un corps, et n'a aultre chose
que ce qu'a le moindre homme du grand
nombre infiny de vos villes ; si non qu'il
a plus que vous touts, c'est l'advantaige
que vous luy faictes pour vous destruire.
D'où il a prins tant d'yeulx d'où vous espie
il, si vous ne les luy donnez. Comment a
il tant de mains pour vous frapper, s'il ne
les prend de vous ? Les pieds dont il foule
vos citez, d'où les a il, s'ils ne sont des
vostres ? Comment a il aulcun pouvoir sur
vous, que par vous aultres mesmes ?
Comment vous oseroit il courir sus, s'il
n'avoit intelligence avecques vous ? Que

vous pourroit il faire, si vous n'estez rece-
leurs du larron qui vous pille, complices
du meurtrier qui vous tue, et traistres de
vous mesmes ? Vous semez vos fruicts, a
fin qu'il en face le desgast ; vous meublez
et vous remplissez vos maisons, pour
fournir à ses voleries ; vous nourrissez
vos filles, a fin qu'il ayt de quoy saouler
sa luxure ; vous nourrissez vos enfants,
à fin qu'il les mene, pour le mieulx qu'il
face, en ses guerre, qu'il les mene à la
boucherie, qu'il les face les ministres de
ses convoitises, les executeurs de ses
vengeances ; vous rompez à la peine vos
personnes, à fin qu'il se puisse mignarder
en ses delices, et se veautrer dans les sales
et vilains plaisirs : vous vous affoiblissez,
à fin de le faire plus fort et roide à vous
tenir plus courte la bride ; et de tant d'in-
dignitez, que les bestes mesmes ou ne
sentiroient poinct, ou n'endureroient
poinct, vous pouvez vous en delivrer, si

vous essayez, non pas de vous en delivrer, mais seulement de le vouloir faire. Soyez resolus de ne servir plus, et vous voylà libres. Ie ne veulx pas que vous le poulsiez, ny le bransliez ; mais seulement ne le substenez plus ; et vous le verrez, comme un grand colosse à qui on a desrobbé la base, de son poids mesme fondre en bas, et se rompre [1]. »

Cet ouvrage fut écrit il y a quatre siècles et, malgré la netteté avec laquelle y fut démontrée la folie des hommes, perdant la liberté et la vie en se soumettant volontairement à la servitude, ils n'ont pas suivi le conseil de La Boétie : « ne pas seconder la violence gouvernementale afin qu'elle disparaisse. » Non seulement ils n'ont pas suivi son conseil, mais ils cachèrent encore à tous la portée de cette œuvre.

1. *Discours sur la servitude volontaire*, par E. de La Boétie. (Edit. de la *Bibliothèque nationale*, Paris, 1901, pp. 36, 38, 40-45.)

C'est au point que dans la littérature française prévalait jusqu'à ces derniers temps l'opinion que La Boétie ne pensait pas ce qu'il écrivait, mais se livrait simplement à un exercice d'éloquence.

Si évident que devrait être le fait que les principaux maux des hommes résultent de l'organisation sociale qui les maintient dans la servitude, ils continuent à assurer son existence et à se soumettre aux hommes qui sont à la tête du pouvoir.

Et quels hommes ! Les sinistres Louis XI, Jacques d'Angleterre, Philippe d'Espagne, Catherine de Russie, les deux Napoléons.

IV

LE MAINTIEN DE L'AUTORITÉ

On pourrait tenter la justification de
l'obéissance de tout un peuple à un petit
nombre d'hommes, si les gouvernants
étaient, je ne dis pas les meilleurs, mais
simplement les moins mauvais parmi
nous; on pourrait l'essayer encore si, de
temps à autre, le pouvoir était occupé par
des hommes honnêtes. Malheureusement
cela n'est pas, n'a jamais été et ne peut
être.

Les gouvernants sont toujours les plus mauvais, les plus insignifiants, cruels, immoraux et, par-dessus tout, les plus hypocrites. Et ce n'est point là le fait du hasard, mais bien une règle générale, la condition absolue de l'existence du gouvernement.

Voici ce que dit à ce propos Machiavel, un homme qui sait parfaitement en quoi réside le pouvoir gouvernemental, comment on peut l'acquérir et comment assurer son maintien :

« Un prince ne doit avoir d'autres préoccupations, d'autre pensée, ni consacrer ses études à autre chose, qu'à la guerre, et à l'organisation de la discipline militaire ; c'est là le métier convenable à celui qui commande, et l'efficacité d'une telle science est telle que, non seulement elle conserve leurs Etats à ceux qui sont nés sur le trône, mais souvent même elle porte au trône ceux qui sont nés dans une

condition privée. Et au contraire, on voit
que lorsque les princes ont plutôt pensé
aux amusements qu'aux armes, ils ont
perdu leur Etat. La première cause qui le
leur fait perdre c'est de négliger cet art ; de
même que l'excellence dans l'art de la
guerre est le moyen d'acquérir un Etat.

« Par conséquent, un prince qui ne sait
point l'art militaire, ne peut jamais être
estimé des soldats ni se fier à eux. Le
prince doit donc s'adonner entièrement
aux exercices militaires, et il doit même
s'y exercer plus vivement en temps de
paix que durant la guerre...

« Le désir de conquête est une chose,
sans doute, fort ordinaire et naturelle :
les conquérants qui savent réaliser leur
but méritent plutôt la louange que le
blâme ; mais établir des projets sans être
en mesure de les réaliser, c'est autant
manquer de sagesse que faire œuvre
vaine...

✗ « Si l'État conquis est accoutumé à vivre
par ses lois et en liberté, il y a trois
moyens de le conserver. Le premier est
de le ruiner ; le second, d'aller y demeurer
en personne ; le troisième de lui laisser
ses propres lois à la condition de payer
un tribut, et d'y créer un gouvernement
composé d'un petit nombre de personnes
qui le maintiennent dans son amitié...

« Le prince ne doit pas redouter d'être
blâmé pour les vices sans lesquels il ne
peut conserver sa suprématie ; car à bien
considérer toutes les circonstances, *on se
rend compte aisément que certaines vertus
ne te sont que funestes, et certains vices
peuvent donner au prince la sûreté et le
bien-être*...

« Un prince qui veut contenir ses sujets
dans l'unité et dans la foi ne doit pas se
préoccuper du reproche de cruauté ; car
il aura été plus humain en faisant un
petit nombre d'exemples que ceux qui,

par trop d'indulgence, laissent surgir des
désordres, d'où naissent des massacres et
des brigandages qui troublent ordinaire-
ment tout un État, tandis que les exécutions ordonnées par les princes n'offensent
qu'un particulier...

« Ici s'élève une question : *Est-il mieux
être aimé que craint, ou mieux vaut-il être
craint qu'aimé ?* Je réponds qu'il faudrait
être l'un et l'autre, mais comme c'est
difficile de réunir les deux, et qu'il faut
renoncer à l'un ou à l'autre, il est plus
sûr d'être craint qu'aimé. Car on peut
dire que tous les hommes en général sont
ingrats, inconstants, dissimulés, lâches
devant le danger et âpres au gain. Tant
que tu leur fais du bien ils sont tout à
toi ; ils t'offrent leur sang, leurs biens,
leur vie, leurs enfants, comme je l'ai déjà
dit, quand tu n'en as pas besoin, mais
quand tu te trouves en danger, ils se ré-
voltent. Et le prince qui s'est fié à leurs

promesses, n'ayant pas pris ses mesures,
périt; parce que les amis qu'on achète à
poids d'argent, et non pas avec la grandeur et la noblesse de l'âme, on les mé-
rite, mais on ne les obtient pas, et quand
on en a besoin on ne peut plus compter
sur eux. Les hommes craignent moins
d'offenser celui qui se fait aimer que celui
qui se fait redouter; car l'amour est un
lien que les hommes, qui sont tous méchants, rompent tout aussitôt qu'ils y
trouvent leur intérêt; au lieu que la
crainte est entretenue par la peur de la
peine, qui ne les quitte jamais.

« Quand le prince est à la tête d'une
armée, et qu'il commande une grande
quantité de soldats, c'est alors qu'il ne
doit point se soucier d'être appelé cruel,
sans cela son armée ne sera jamais bien
mise, ni en état de ne rien entreprendre.

« D'où je conclus, en revenant à ma
thèse, que les hommes aimant à leur gré,

et craignant au gré du prince, un prince
sage doit s'appuyer sur ce qui lui appartient, et non pas sur ce qui appartient
aux autres; il doit seulement s'arranger,
ainsi que je l'ai dit, de manière à éviter
la haine...

« Vous devez donc savoir qu'il y a deux
manières de combattre, l'une avec les lois,
l'autre avec la force. La première est
celle des hommes, et la seconde celle des
bêtes. Mais comme souvent la première
ne suffit pas il faut recourir à la seconde.
Le prince doit donc nécessairement savoir
bien faire l'homme et la bête.

« Le prince ayant donc besoin de bien
imiter la bête, doit savoir revêtir les qualités du renard et du lion, parce que le
lion ne se se défend point des filets, ni le
renard des loups. Il faut donc être renard
pour connaître les filets, et lion pour
effrayer les loups. Ceux qui s'en tiennent
au lion ne connaissent pas leur métier;

par conséquent, un prince prudent ne doit point tenir sa parole quand cela lui fait tort, et quand les occasions qui lui ont fait promettre quelque chose n'existent plus. Si les hommes étaient bons, ce précepte serait mauvais, mais comme ils sont méchants, et qu'ils sont loin de tenir leur parole, tu ne dois pas non plus la tenir, et tu ne manqueras jamais de raisons pour en justifier l'inobservation.

« J'en pourrais donner mille exemples modernes, et montrer combien de traités de paix, combien de promesses ont été rendus nuls et inutiles par infidélité des princes, dont celui qui a eu le plus de succès a le mieux su imiter le renard. Mais il faut savoir bien jouer son rôle ; *il faut être habile à feindre et à dissimuler, car les hommes sont si simples et si accoutumés à obéir aux circonstances, que celui qui veut tromper trouvera toujours quelqu'un à tromper...*

4

« Un prince n'a donc pas besoin de
posséder toutes les qualités que j'ai indi-
quées, mais il doit paraître les avoir.
J'ajouterai même que d'avoir et se servir
de ces qualités, c'est dangereux, et qu'il
est toujours utile de feindre de les avoir;
c'est ainsi qu'il doit paraître clément,
fidèle, humain, religieux et intègre ; mais
il doit rester assez maître de lui pour
qu'au besoin il puisse et sache faire tout
le contraire.

« L'on doit comprendre qu'un prince,
et particulièrement un prince nouveau, ne
peut pas exercer toutes les vertus qui
font passer les hommes pour bons, parce
que, étant dans la nécessité de conserver
l'État, il doit souvent agir contre la foi,
la charité, l'humanité et la religion. Il
faut donc qu'il ait un esprit capable de
tourner suivant que le lui commandent
les variations des vents et des circonstances, et, ainsi que je l'ai dit plus haut,

ne pas s'écarter du bien s'il le peut,
mais aussi savoir entrer dans le mal
lorsqu'il le faut.

« Le prince doit donc avoir grand soin
de ne dire jamais rien qui ne respire les
cinq qualités que j'ai marquées; en sorte
qu'à le voir et à l'entendre il semble
que c'est la clémence, la fidélité, l'inté-
grité, l'humanité et la religion même.
Cette dernière qualité est celle qu'il lui
importe le plus de paraître posséder,
parce que les hommes en général jugent
plus par les yeux que par les mains:
chacun pouvant voir, mais très peu de
personnes sachant toucher. Chacune veut
ce que tu parais être, mais très peu de
monde connaît ce que tu es, et le petit
nombre n'ose pas aller à l'encontre de
l'opinion publique, toujours protégée par
la majesté du prince. Et dans les actions
de tous les hommes, et surtout des
princes, contre qui il n'y a point de re-

cours en justice, on ne regarde qu'aux résultats.

« Un prince n'a donc qu'à préserver sa vie et à maintenir sa puissance ; les moyens dont il se servira seront toujours trouvés honnêtes et louables, car le vulgaire s'attache toujours aux apparences et ne juge que par le succès [1]. »

Toutes ces vérités étaient connues non seulement des princes auxquels s'adressait Machiavel, mais de tous les hommes qui se sont trouvés au pouvoir ; elles ne sont pas moins connues des gouvernants d'aujourd'hui de tout régime politique. Que ce soit un souverain autocrate, un président de république, un premier ministre ou un parlement, ils ont toujours observé et observent exactement les règles établies par Machiavel sans avoir besoin de le lire.

1. *Le Prince*, par Machiavel.

De fait, il suffit de réfléchir à ce qu'est l'autorité pour comprendre qu'il ne peut en être autrement.

L'autorité des uns sur les autres est, sans conteste, le droit reconnu aux premiers de martyriser et de tuer les seconds; bien mieux, de les amener à être leurs propres tortionnaires. Et pour amener ainsi les hommes à se molester mutuellement et à s'entre-tuer, on ne peut recourir qu'à ces seuls moyens : mensonges, fourberies et, principalement, cruauté. Ainsi ont toujours agi et n'ont pu agir autrement tous les gouvernants.

4.

V

IMMORALITÉ GOUVERNEMENTALE

Lisez ou relisez l'histoire des nations chrétiennes de l'Europe depuis la Réforme, et vous constaterez qu'elle constitue une nomenclature ininterrompue de crimes les plus effrayants et les plus insensés commis par les gouvernants contre leur propre peuple et les peuples étrangers. Ces folies criminelles sont : guerres sans fin, asservissement ou destruction de nationalités, voire d'Etats entiers, la

ruine de paisibles habitants par cupidité,
envie, ou sous prétexte de défendre la
vérité religieuse ; de bûchers constamment en feu sur lesquels brûlent, parmi
les milliers d'hommes ordinaires, les
meilleurs du temps ; trahisons, mensonges, fourberies, vols, tortures, prisons, exécutions et débauches, la débauche monstrueuse, contre nature, qu'on
ne pouvait rencontrer que parmi ces
malheureux gouvernants. Et les auteurs
en sont non pas seulement les Charles IX,
les Henri VIII, les Ivan le Terrible, mais
encore les tant loués Louis de France, les
Élisabeth d'Angleterre, les Catherine et
Pierre de Russie, les Frédéric de Prusse.
Les gouvernements de notre temps —
monarchie absolue ou constitutionnelle,
république — agissent de même, et ne
sauraient agir autrement ; car c'est là
leur œuvre inévitable.

Leur œuvre est de prendre, sous forme

d'impôt et par la violence, la plus grande
partie du bien au peuple travailleur, et
d'employer ces ressources à leur guise,
toujours dans un but de parti ou per-
sonnel, vénal ou ambitieux. Elle est
encore dans le maintien par la force du
droit exclusif sur la terre ; dans la formation de l'armée, c'est-à-dire des assassins professionnels, et son envoi pour
mettre à mort ou pour dévaliser d'autres
hommes. Enfin, leur œuvre est de pro-
mulguer des lois justifiant et sanction-
nant tous ces crimes.

C'est ce que font aujourd'hui les Roo-
sevelt, les Nicolas II, les Chamberlain,
les Guillaume II, de concert avec leurs
conseillers et Parlements. C'est leur mission.

Aussi, cette mission ne peut-elle être
confiée qu'aux plus immoraux parmi les
hommes. Il suffit de voir à quoi est employée l'autorité gouvernementale pour

comprendre pourquoi les conducteurs de peuples ne peuvent être que cruels et au-dessous du niveau moral de leur temps et de leur milieu. Non seulement un homme de sens moral, mais celui qui ne l'a pas encore complètement perdu ne saurait occuper le trône, le poste de ministre, être législateur, en un mot, se permettre, à un titre quelconque, de décider du sort de tout un peuple. Un homme d'État vertueux est une contradiction aussi flagrante qu'une prostituée vertueuse, ou un sobre ivrogne, ou un pacifique brigand.

En somme, l'activité de tout gouvernement n'est faite que de crimes.

Elle se présente sous ce jour lorsqu'on la considère en elle-même, mais elle apparaît telle avec plus d'évidence encore lorsqu'on examine la situation de l'homme, pris isolément et dépendant de l'autorité.

*L'immense majorité des humains qui naissent sur notre planète se trouvent dépourvus du droit à la terre natale. Non seulement ils sont empêchés de jouir de ce qui pousse sur le sol ou gît dans le sous-sol, mais ils n'ont même pas le droit d'y vivre sans payer de leur travail à ceux qui possèdent la terre en toute propriété, en vertu de l'abandon qui leur en a été fait par l'État, qui défend cette spoliation contre toute atteinte, en lui attribuant le caractère d'un droit sacré.

Tout homme, privé ainsi du droit naturel et légitime à la terre sur laquelle il est né, cherche un autre moyen d'existence, et il travaille, payant la redevance exigée à l'accapareur pour le droit de vivre sur la terre et d'en jouir, afin de pouvoir améliorer son sort et celui de sa famille, avoir le loisir de s'instruire, se reposer, être en relation avec d'autres hommes.

Mais la dîme versée, il n'est pas encore quitte. On lui fait payer, directement ou indirectement, des impôts pour couvrir les frais nécessités par une armée de fonctionnaires, par un nombreux clergé, dont il peut ne pas avoir besoin, ou pour les dépenses qu'exigent la construction des palais, des monuments, l'entretien d'une cour et des dignitaires, dont à coup sûr il n'a que faire, l'établissement des douanes, qui loin de lui être utiles lui sont nuisibles; les paiements des intérêts de la dette d'État contractée en vue d'une guerre des centaines d'années avant sa naissance, guerre néfaste déjà alors, et de nouvelles dettes pour de nouvelles guerres, celles-ci néfastes pour lui et pour ses proches. Il s'y soumet parce que toutes ces exigences sont appuyées par la force, et il paye.

Mais la machine gouvernementale ne le laisse pas encore en paix. A l'âge

de vingt ans, il doit, dans la plupart des
pays, faire le service militaire, c'est-à-dire
subir le plus cruel des esclavages. Dans
les pays où le service obligatoire n'est pas
encore institué, il doit se racheter par de
nouveaux impôts et être prêt à tous les
malheurs qu'entraîne la guerre.

Tels sont les maux physiques que doit
endurer, sans aucun motif, tout homme,
de la part du gouvernement. Ce n'est pas
tout. Le mal le plus terrible que commet
le pouvoir public est la corruption morale et intellectuelle.

Un enfant naît, et on l'enrôle aussitôt
dans la religion qui prévaut dans l'État.
Ce fut toujours ainsi dans le passé, et
cela se pratique encore dans la plupart
des pays. Là où cette première contrainte
n'est pas en usage, il en est d'autres.
Aussitôt l'enfant grandi, l'obligation pour
lui est de fréquenter l'école appartenant
à l'État. À l'école, on lui apprend que le

gouvernement, l'autorité en général, est
la condition absolue de sa vie, et que
l'État où il est né est le plus parfait du
monde, qu'il soit gouverné par le Tsar, le
Sultan, par Chamberlain avec sa politique coloniale, ou par un gouvernement
républicain protecteur du trust et de
l'impérialisme. Telle est l'école primaire
et obligatoire, et telles sont toutes les
écoles supérieures fréquentées par les
adultes de l'État russe, turc, anglais,
français ou américain.

Ce n'est pas seulement l'école qui
forme ainsi la jeunesse. La littérature,
les réunions publiques ou privées, la
presse, à la solde du gouvernement ou à
celle des riches qui s'appuient sur l'autorité ou simplement recherchent les
grâces de celle-ci, partout et dans quelque pays que ce soit, le citoyen est soumis à la suggestion corruptive du pouvoir
public. Il lui est inculqué que l'autorité

5.

en général, et celle de son pays en particulier, avec tous ses attributs : chaînes,
prisons, potences, armées, est la condition absolue de son existence ; il est con-
vaincu que l'activité gouvernementale est
respectable, digne de toute estime et
d'honneur, à laquelle chacun doit se considérer heureux de participer, et aux
représentants de laquelle il doit rendre
tous les hommages.

Ainsi, le citoyen est lésé dans ses droits
les plus naturels ; la plus grande part du
produit de son travail lui est enlevée pour
l'accomplissement d'une œuvre mauvaise ;
il est tellement pris dans les filets qui
lui sont tendus de tous côtés, qu'il devient autant esclave du gouvernement que
l'était l'esclave des négriers, avec cette
différence toutefois que ceux-ci pouvaient
être bons et moraux, tandis que les négriers gouvernementaux sont les plus corrompus, cruels et hypocrites des hommes.

Le pis est que les esclaves du gouvernement, loin de se douter de leur esclavage, et de souhaiter la liberté, s'imaginent, principalement ceux qui vivent
sous un régime constitutionnel ou
républicain, qu'ils sont des hommes
libres; et ils sont fiers de leur asservissement.

VI

INUTILITÉ DE L'ÉTAT

« Que sont de nos jours les gouvernements sous lesquels les hommes ne croient pas pouvoir vivre?

« S'il fut un temps où le gouvernement apparaissait comme un mal nécessaire, ou moins grand que celui qui pouvait résulter du manque de défense contre des voisins organisés, il n'est pas douteux qu'il soit devenu aujourd'hui inutile et un mal bien plus grand que celui dont il effraye le peuple.

« Le gouvernement en général, pas seulement militaire, pourrait être inoffensif, — je ne dis pas utile, — s'il était composé d'hommes saints, infaillibles comme le conseille la sagesse chinoise. Mais par la nature même de son activité, toute de violence, le pouvoir est détenu par les plus immoraux, grossiers, et impudents des hommes.

« Tout gouvernement, à plus forte raison celui qui dispose d'une force armée, est la plus terrible et la plus dangereuse des institutions existantes.

« Le gouvernement, dans le plus large sens du mot, — en y comprenant les classes fortunées et les membres de la presse, — n'est qu'une organisation qui met la majorité des hommes à la discrétion d'une minorité qui détient le pouvoir. Celle-ci se soumet à son tour à l'autorité d'un groupe d'hommes plus restreint encore; celui-ci à un autre moins nom-

5.

breux, et ainsi de suite jusqu'au sommet
de la pyramide hiérarchique où sont placés quelques hommes, ou un seul, qui
doivent à la force armée leur domination
sur leurs semblables.

« Au sommet de cette pyramide s'ins-
tallent toujours quelques-uns, ou un seul,
qui font preuve de plus de ruse, d'audace
ou d'immoralité, ou ceux qui sont leurs
héritiers.

« Aujourd'hui c'est Boris Godounov,
demain c'est Grigory Otrepiev; aujour-
d'hui c'est la débauchée Catherine qui
fait étrangler son mari par ses amants,
demain c'est Pougatchev, après-demain
le fou Paul, Nicolas Ier, Alexandre III.

« Aujourd'hui c'est Napoléon, demain
un Bourbon ou un d'Orléans ; Boulanger
ou la bande des panamistes. Aujourd'hui
c'est Gladstone, demain Salisbury, Chamberlain, Rhodes.

« Et c'est à ces gouvernants qu'on

donne plein pouvoir non seulement sur
les biens et sur la vie de tous, mais même
sur l'instruction, l'éducation religieuse,
morale et intellectuelle des hommes.

« Nous construisons une terrible machine gouvernementale, laissons s'en
emparer qui le veut (et la chance favo-
rise toujours les pires); nous nous sou-
mettons servilement aux maîtres, et puis,
nous nous étonnons de notre situation
précaire. Nous avons peur des bombes
des anarchistes, et nous ne nous effrayons
pas devant l'horrible organisation qui
nous menace des plus grandes catastrophes...

« Les hommes se laissent ligoter au
point qu'une seule personne peut les
conduire à sa guise; ils laissent traîner
le bout de la corde qui les lie, et le premier scélérat ou sot qui veut s'en saisir
fait d'eux ce qu'il veut.

« N'est-ce pas le cas de tous les peuples qui instituent et maintiennent le gouvernement, appuyé sur la force armée, et se soumettent à lui ? »

« Mais pouvons-nous vivre sans gouvernement? Ce sera le chaos, l'anarchie, la perte de tous les fruits de la civilisation, le retour des hommes à l'état sauvage. Si vous touchez à l'ordre des choses établi, si vous abolissez le gouvernement, les plus grands malheurs nous assailliront : émeutes, pillages, meurtres, et finalement ce sera le règne de tous les méchants et l'asservissement des bons.

« Ainsi parlent non seulement ceux à qui l'état de choses actuel est profitable mais ceux-là mêmes à qui il est manifestement nuisible et qui cependant ne pensent pas pouvoir vivre sans lui, tellement ils y sont habitués[2]. »

1. *Patriotisme et gouvernement*, par Léon Tolstoï, chap. VI.
2. *L'esclavage moderne*, par Léon Tolstoï, chap. XIII.

Les hommes qui sont au pouvoir affirment que leur autorité est nécessaire
afin d'empêcher les méchants de maltraiter
les bons, entendant par là qu'ils sont les
génies bienfaisants protégeant ceux-ci
contre ceux-là.

« Mais dominer veut dire violenter,
violenter veut dire faire contraire à la
volonté de celui qui est l'objet de l'oppression, et certes contraire à ce que ne
voudrait pas supporter celui qui violente;
par conséquent, être au pouvoir veut
dire faire à autrui ce que nous ne vou-
drions pas qu'on nous fît, autrement dit,
être au pouvoir, c'est faire du mal.

« Se soumettre, c'est préférer la résignation à la violence, et préférer la résignation c'est être bon ou moins méchant
que ceux qui font aux autres ce qu'ils ne
voudraient pas qu'on leur fît.

« C'est pourquoi ce ne sont pas les
meilleurs, mais les pires qui, selon toute

probabilité, ont toujours été au pouvoir
et qui y sont encore. Il peut y avoir des
méchants parmi ceux qui se soumettent
aux gouvernants, mais il n'arrive jamais
que les meilleurs dominent les pires [1]. »

« C'est pourquoi, sans insister sur les
faits que les émeutes, pillages, meurtres
qui pourraient aboutir au règne des mé
chants et à l'asservissement des bons, se
produisent déjà aujourd'hui, je ferai
remarquer que la croyance à la possibilité
de troubles et de désordres que provoquerait l'abolition de l'ordre actuel ne
prouve nullement que cet ordre soit bon.

« Si vous touchez à l'organisation exis-
tante vous causerez les plus grands dé-
sastres. »

« Retirez seulement une brique des
milliers d'autres formant une colonne
étroite, haute de plusieurs mètres, et

---

1. *Le salut est en vous*, par Léon Tolstoï, traduction
de E. Halpérine-Kaminsky, chap. x, p. 255.

aussitôt elle s'écroulera et toutes les briques se briseront. Mais qu'on ne puisse retirer une seule brique ou lui donner le moindre coup sans que la colonne s'effondre, cela ne prouve nullement qu'il soit raisonnable de laisser toutes ces briques rangées d'une façon aussi irrationnelle. Cela prouve au contraire que la disposition des briques est mauvaise; il faut donc les disposer suivant un ordre qui assure leur équilibre afin qu'on puisse les déplacer sans détruire celui-ci.

« Il en est de même de l'organisation de l'État moderne : elle est artificielle et chancelante, et le fait que le moindre choc peut la détruire, loin de démontrer son utilité, prouve au contraire que si elle eut jamais sa raison d'être, elle est devenue aujourd'hui complètement inutile, donc nuisible et dangereuse.

« Elle est nuisible et dangereuse, parce qu'avec elle tout le mal qui existe dans la société, au lieu de diminuer, augmente et s'affermit. Et il augmente et s'affermit, parce qu'il est justifié et revêtu de formes séduisantes ou bien il est dissimulé.

« Cette prospérité des peuples qui nous apparaît dans les États soi-disant bien organisés et qui sont gouvernés à l'aide de la violence, n'est en réalité qu'une apparence, qu'une fiction. Tout ce qui trouble la belle ordonnance extérieure, tous les meurt-de-faim, tous les malades, tous les débauchés hideux, tous sont cachés en des endroits où nous ne pouvons les voir; on ne les voit pas, mais cela ne prouve pas qu'ils ne soient pas; ils sont au contraire d'autant plus nombreux qu'ils sont mieux cachés, et ceux qui sont cause de leur misère se montrent d'autant plus cruels envers eux. Il est certain que l'arrêt de l'activité gouvernementale, autrement dit de la violence organisée, troublera la belle ordonnance extérieure

de nos sociétés, mais elle ne les désor-
ganisera pas ; elle fera seulement apparaître la désorganisation cachée et nous
permettra d'y porter remède.

« Les hommes croyaient jusqu'en ces
derniers temps qu'ils ne pourraient pas
vivre sans gouvernement. Mais la vie
évolue et les conditions de la vie, autant
que les opinions des hommes, se modifient. Malgré les efforts des gouvernants pour maintenir les peuples dans
un état d'enfance qui amène le sujet mal-
traité à se féliciter d'avoir à qui se
plaindre, les hommes, et en particulier
les ouvriers, tant en Russie qu'en Europe,
se dégagent de plus en plus de leur situation de mineurs et commencent à
comprendre les véritables conditions de
leur vie.

« Vous nous affirmez que seuls vous
pouvez vous défendre contre l'envahisse-
ment des peuples voisins : Chinois, Japo-

6

nais, — disent maintenant les gens du
peuple, — mais nous lisons les journaux
et nous savons que personne ne nous
menace de la guerre; nous savons que
vous seuls, gouvernants, dans un but
impossible à démêler, vous irritez les
peuples les uns contre les autres, puis,
sous prétexte d'assurer notre défense,
vous nous ruinez par des impôts afin
d'entretenir vos flottes, vos armées, construire des chemins de fer stratégiques,
servant uniquement votre ambition, vous
entreprenez des guerres pareilles à celles
que vous faites aujourd'hui aux pacifiques
Chinois. Vous dites que vous protégez,
pour notre plus grand bien, la propriété
foncière; mais cette protection n'aboutit
qu'à faire passer toutes les terres entre
les mains des compagnies, des ban-
quiers, des riches, qui ne les travaillent
pas, tandis que nous, l'énorme majorité du peuple, nous sommes complète-

ment dépossédés et à la merci des
oisifs.

« Vos lois ne protègent pas la propriété
de la terre, mais permettent qu'on enlève
la terre à ceux qui la travaillent. Vous
protégez, dites-vous, le produit du travail
de chacun. Or, c'est le contraire que vous
faites : tous ceux qui produisent les
objets précieux n'arrivent pas, grâce à
votre prétendue protection, à se faire
payer le prix réel de leur travail ; bien
mieux, leur existence dépend entièrement du bon plaisir de ceux qui ne travaillent pas.

« On dit que la disparition des gouvernements entraînera celle des institutions sociales d'instruction et d'éducation, si nécessaires à tous.

« Mais pourquoi faire cette supposi-
tion ? Pourquoi penser que, les dirigeants disparus, les hommes ne sauront
pas organiser eux-mêmes leur vie aussi

bien que le font les gouvernants, non pour eux, mais pour les autres?

« Nous voyons au contraire que de notre temps, dans les circonstances les plus diverses, les hommes parviennent à organiser eux-mêmes leur vie bien mieux que n'y réussissent les gouvernants. Nous voyons se former sans l'appui du gouvernement et souvent malgré son intervention toutes sortes d'institutions sociales : syndicats ouvriers, sociétés coopératives, compagnies de chemin de fer, artels, etc. Si, pour créer une œuvre sociale, on a besoin de réunir une certaine somme d'argent, pourquoi penser que des hommes libres ne la fourniraient pas sans contrainte, afin d'instituer ce qui se fait aujourd'hui à l'aide de l'impôt, au cas où l'entreprise était réellement utile à la société? Pourquoi penser qu'il ne peut y avoir des tribunaux sans violence? Il y a toujours eu, il y a encore des sentences d'hommes qu'acceptent avec confiance les plaideurs, sans qu'on ait besoin de les y forcer.

« Nous sommes tellement dépravés par un long esclavage que nous ne pouvons pas nous représenter une administration qui ne s'appuierait pas sur la force. Il n'en existe pas moins. Des communautés russes qui émigrent dans des contrées lointaines où notre gouvernement ne peut s'immiscer dans leurs affaires, organisent elles-mêmes l'administration, la justice, la police, la perception de leurs impôts, et elles prospèrent jusqu'au jour où le gouvernement du pays intervient et emploie ses procédés violents...

« Celui-là seul qui possède des dizaines de mille d'hectares en forêt a besoin de protection, quand, près de lui, des milliers d'hommes manquent de bois pour se chauffer. Cette protection est aussi néces-

6.

saire aux patrons des usines et des
fabriques, où des générations d'ouvriers
furent et sont encore frustrés du produit
de leur travail. La protection est plus
nécessaire encore au détenteur de centaines de mille pouds de blé attendant
une année de disette afin de les vendre
avec un bénéfice usurier aux populations
affamées...

« On dit habituellement : supprimez
la propriété de la terre et le fruit du travail, et personne ne sera certain de conserver ce qu'il a produit ; aussi cessera-
t-il de travailler. C'est tout le contraire
qu'il faudrait dire : la protection violente
d'une propriété illégitime, si elle n'a pas
complètement détruit, a du moins sensi-
blement affaibli chez les hommes l'idée
naturelle de justice, qui commande de
ne pas accaparer les objets de consommation qui sont la propriété innée sans laquelle l'humanité ne peut vivre, idée qui a

toujours existé et existe dans la société..

« On peut assurément dire que les chevaux et les bœufs ne peuvent rien produire s'ils ne sont pas contraints par les hommes, créatures raisonnables. Mais pourquoi les hommes subiraient-ils les violences des êtres qui ne leur sont pas supérieurs, mais semblables? Pourquoi les hommes doivent-ils se soumettre à ceux d'entre eux qui, à un moment donné, détiennent le pouvoir? Où est la preuve que les gouvernants sont plus sages que les gouvernés?

« Le fait même qu'ils s'autorisent à user de violence envers leurs semblables démontre qu'ils ne sont pas plus, mais moins sensés que ceux qui se soumettent à eux...

« On dit : comment les hommes pourraient-ils vivre sans gouvernement, c'est-à-dire sans contrainte? Il faudrait dire au contraire : comment les hommes, êtres

raisonnables, peuvent-ils vivre en com-
mun groupés par la violence, au lieu de
l'être par le consentement raisonné?...

« De deux choses l'une : ou les hommes
sont des créatures douées de raison ou
ils ne le sont pas. S'ils ne le sont pas,
aucun ne peut l'être ; dès lors tout parmi
eux est réglé par la violence, et il n'y a
aucun motif pour que les uns aient plus
de droit que les autres d'en user. Et celle
employée par le gouvernement ne saurait
avoir de justification. Si, au contraire, les
hommes sont doués de raison, leurs rapports doivent être inspirés par la raison
et non s'établir par la violence de ceux
d'entre eux qui se sont, par aventure,
emparés du pouvoir[1]. »

« Aussi les hommes disent-ils que...
la destruction du régime gouvernemental amènerait celle de tout ce qui a été

---

1. *L'esclavage moderne*, ch. XIII.

acquis jusqu'ici par l'humanité ; que l'État
a été et est toujours l'unique forme
sous laquelle l'humanité peut se déve-
lopper, et que tous les abus peuvent
être corrigés sans l'anéantissement d'une
organisation dont ils sont indépendants
et qui permet à l'homme de progresser
et d'arriver au plus haut degré de bien-
être. Et ceux qui pensent ainsi appuient
leur opinion sur des arguments philoso-
phiques, historiques et religieux qui leur
semblent irréfutables...

« On peut écrire des volumes entiers
en faveur de la première thèse (ils sont
déjà écrits depuis longtemps et on en écrit
encore), mais on peut également écrire
beaucoup contre (ce qui, quoique plus
récemment, a été fait et d'une façon magis-
trale).

« Mais on ne peut pas prouver, comme
cherchent à le faire les défenseurs de
l'État, que la destruction du régime actuel

amènerait l'anarchie : le brigandage, l'assassinat, la ruine de toutes les intestitutions, et le retour de l'humanité à la barbarie...

« Encore moins peut-on le démontrer par l'expérience. car il s'agit tout d'abord de savoir s'il faut la tenter ou non.

« La question de savoir si le moment de renverser l'Etat est arrivé ou non serait donc insoluble, s'il n'existait pas un autre moyen de la résoudre avec certitude.

« Les poussins sont-ils assez développés pour qu'on éloigne la couveuse et qu'on les laisse sortir des œufs, ou est-il encore trop tôt ? C'est une question qu'ils décideront d'eux-mêmes lorsque, ne pouvant plus tenir dans la coquille, ils la briseront à coup de bec et en sortiront.

« De même, le temps est-il arrivé ou non, pour les hommes, de détruire la forme gouvernementale actuelle et de la

remplacer par une nouvelle ? Si l'homme,
par suite de la conscience supérieure qui
est née en lui ne peut plus se soumettre
aux exigences de l'Etat, s'il ne peut plus
s'en contenter et en même temps n'a plus
besoin de la protection de l'Etat, la question est résolue par ceux qui ont déjà
dépassé la forme étatiste et qui en sont
sortis comme le poussin de l'œuf, où ne
pourrait le faire rentrer aucune force au
monde.

« Il est fort possible que l'Etat ait été
nécessaire et le soit aujourd'hui pour tous
les avantages que vous lui reconnaissez,
dit celui qui s'est assimilé la conception
chrétienne de la vie. Je sais seulement,
ajoute-il, que pour *moi*, d'une part, je n'ai
plus besoin de l'Etat, et, d'autre part, *je*
ne peux plus commettre les actes qui
sont nécessaires à son existence. Orga-
nisez-vous comme vous l'entendez, moi
je ne puis démontrer ni la nécessité, ni

l'inutilité de l'Etat, mais je sais ce dont
j'ai besoin et ce qui m'est inutile, ce que
je peux faire, et ce que je ne peux pas
faire. *Je* n'ai pas besoin de m'isoler des
hommes des autres nations ; c'est pourquoi je ne puis pas reconnaître mon appar-
tenance exclusive à une nation quelconque
et je refuse toute sujétion. Je sais que
moi, je n'ai pas besoin de toutes les institutions gouvernementales actuelles ;
c'est pourquoi je ne puis, en privant les
hommes qui ont besoin de mon travail,
le donner sous forme d'impôt au profit de
ces institutions. Je sais que *moi*, je n'ai
pas besoin ni d'administrations ni de tribunaux fondés sur la violence; c'est pourquoi je ne peux participer ni à l'administration ni aux actes de justice. Je sais que
moi je n'ai pas besoin d'attaquer les
hommes des autres nations, de les tuer,
ni de me défendre contre eux les armes à
la main ; c'est pourquoi je ne puis prendre

part à la guerre ni m'y préparer. Il est fort possible qu'il se trouve des hommes considérant tout cela comme nécessaire, je ne m'en occupe pas : je sais seulement, mais d'une façon absolue, que je n'en ai pas besoin... »[1]

Ceux qui parlent ainsi sont déjà nombreux ; cependant eux aussi continuent à subir le régime étatiste, voire concourent à son maintien. Quelle en est la cause ?

1. *Le salut est en vous*, pp. 250-252.

7

VII

LA SOCIÉTÉ MODERNE VIT SANS PRINCIPES

Il me semble que la cause en est dans le fait suivant : la force motrice principale de l'humanité, la religion, s'est affaiblie, si elle n'a pas disparu complètement chez la majorité des peuples chrétiens. Quelle qu'elle soit, si grossière que soit son expression, c'est la religion qui sert de base à la vie populaire, et c'est suivant les modifications que subit la première que se transforme la dernière[1].

1. Je n'ignore pas l'existence d'une opinion, très

Les choses se passent ainsi parce que
la direction première et la façon de vivre
de chacun de nous sont déterminées par
l'idée que nous nous en faisons. Comme
cette idée ne peut être définie que par la
religion, il est clair que la direction et la
façon de vivre, tant des individus que des
peuples, — si variées que soient les conditions de vie de ceux-ci, — sont définies
principalement par la religion.

Il va sans dire qu'en dehors de celle-
ci, d'autres causes influent sur nos conditions de vie ; mais la modification essen-

répandue, parmi les savants de notre époque, d'après
laquelle la vie sociale est déterminée par des causes
économiques extérieures, et non morales, intérieures.
Il me semble inutile de la réfuter, puisque le bon sens,
la vérité historique et, surtout, le sentiment moral
montre son manque absolu de fondement. Elle a pris
naissance et s'est enracinée chez les esprits bornés,
dépourvus par-dessus tout de la faculté supérieure de
sentir la nécessité de la conscience religieuse, c'est-à-
dire de l'établissement de la valeur de nos rapports envers l'infini, faculté qui distingue l'homme de l'animal.
Aussi serait-il tout à fait oiseux de chercher à convaincre
ces hommes de l'existence d'une chose qu'ils ne sentent
pas et ne peuvent toucher de leurs mains.

tielle et l'évolution de l'étape inférieure
à une étape supérieure de la vie sont toujours déterminées par la religion seule.
Les peuples d'Europe ont franchi une
étape semblable au moment où ils ont
adopté le christianisme. De même les
Arabes et les Turcs lorsqu'ils sont
devenus Mahométans, les Asiatiques en
se convertissant à la doctrine de Bouddha,
de Confucius ou de Lao-Tseu.

Les changements dans la conscience
religieuse d'un peuple entraînent inévitablement la transformation des formes extérieures de sa vie. Cela fut toujours ainsi
et cela est encore. Mais il est des époques
où, bien que la conscience religieuse des
hommes évolue, ce progrès ne trouve pas
encore une sanction concrète et l'ancienne
vie sociale continue à s'inspirer de la
conception religieuse périmée.

Ce phénomène provient de ce que le
changement de la conception religieuse,

sa cristallisation, sa croissance, s'effectue
d'une façon continue mais invisible. Par
contre, les conditions sociales se modifient
avec une progression moins rapide, sans
conformité avec l'accroissement invisible
de la conscience : elle se transforme par
accès. Le germe de la graine croît conti-
nuellement tandis que l'enveloppe crève.
Il en est de même de la conscience et des
formes sociales de la vie.

Chaque homme subit les mêmes transformations en passant d'un âge à un autre.
Ainsi, la conscience évolue progressivement et insensiblement chez l'enfant
devenu adolescent, chez l'adolescent
devenu adulte, chez l'adulte devenu
vieillard ; mais en passant d'un âge à un
autre, l'homme continue parfois à s'inspirer, pendant longtemps encore, de sa
conception de la vie de l'âge précédent.
C'est pourquoi, n'ayant plus son ancienne
foi et n'ayant pas encore établi de nou-

7,

veaux rapports envers ce qui l'entoure, il
vit, durant ces périodes, sans idée direc-
trice.

Ce que nous observons dans l'évolution
de l'individu a lieu également dans la vie
de la société.

Lorsque les conditions de la vie ne
répondent plus à sa conscience, la société
entière se comporte comme l'individu qui
mène une vie déréglée, folle et orageuse
pendant ce moment de transition.

Tel est, à mon avis, le moment que tra-
versent aujourd'hui les peuples chrétiens.

La conscience religieuse qui fut la base
des formes actuelles de la vie sociale est
déjà abandonnée par l'humanité, tandis
que sa nouvelle conception n'a pas encore
pénétré dans les esprits. Aussi, les hommes
de notre temps vivent-ils sans se rendre
compte du sens de leur vie et manquent
d'orientation précise dans leurs actes.

Une grande partie de l'humanité con-

temporaine professe de différentes façons
la prétendue doctrine chrétienne ; car
sous le nom de celle-ci est sous-entendu
le code de dogmes établi il y a seize
siècles par des conciles et qui promulgue
les plus grandes insanités. C'est bien
cette doctrine chrétienne, contraire aux
connaissances modernes et au bon sens,
manquant de tout principe directeur,
commandant la foi aveugle à ceux qui
prétendent incarner l'Église, c'est cette
doctrine qui occupe la place qu'a toujours occupée et doit occuper la vraie
religion, celle qui explique le sens de la
vie et qui indique la ligne de conduite
qui découle de cette religion.

Une autre partie de l'humanité, la
moins nombreuse, se disant cultivée, se
trouve dans une situation moins propice
encore à une vie morale et raisonnée.

Libérée du mensonge de la prétendue
religion chrétienne, cette partie de la

société est tombée sous l'influence d'un
autre mensonge, bien pis encore que celui
de l'Eglise : la conception scientifique de
la vie, qui ne saurait cependant lui donner
aucune orientation sensée. Cette conception rejette ce qui est essentiel à la nature
humaine, ce qui la distingue de la nature
animale, ce qui est l'essence de la conscience religieuse : la définition de notre
mission dans le monde. Cette conscience
religieuse est remplacée par des obser-
vations fortuites, inutiles et disparates,
ainsi que par l'étude de matières diverses.
Suivant cette conception, — si l'on peut
dire, — toute religion est, par |sa nature
même, une erreur, et il n'y a aucune
utilité de chercher une explication raisonnée du sens de la vie et du principe
directeur de notre conduite, puisque la
science, particulièrement la sociologie,
qui soi-disant établit·les lois du progrès
humain, nous est un guide suffisant.

A vrai dire, cette science, en promettant de donner les lois de la vie dans l'avenir, laisse ses fidèles vivre ou bien en vertu d'anciennes règles religieuses qu'ils suivent inconsciemment, ou bien sans aucun principe en s'adonnant à leurs passions et en les justifiant même par une argumentation « scientifique ».

Telle est la pitoyable erreur de la minorité qui se croit à l'avant-garde de la société.

Il est une troisième partie, la plus nombreuse, d'hommes de toutes conditions, plus ou moins instruits, libérés de la contrainte imposée par la religion officielle, mais niant, par superstition scientifique, la nécessité de la religion, vivant d'une vie animale, égoïste, purement sensuelle et qui la considèrent même comme le dernier mot du progrès scientifique (la lutte pour l'existence, le surhomme).

Telles sont les conceptions qui prédo-

minent dans la société moderne : la
contrefaçon de croyance d'un groupe
assez nombreux ; la conception basse
pleine de suffisance, n'imposant aucun
devoir, d'un groupe moindre ; enfin l'absence de tout sens moral du groupe le
plus nombreux. Comme ni la contrefaçon
de croyance, ni sa négation et son remplacement par la prétendue science, ni le
manque de sens moral ne peuvent susciter
de force régulatrice, donnant une direction à l'activité de la société moderne,
notre vie se passe sans aucun principe
conducteur, par simple inertie, et elle
s'éloigne de plus en plus de la conception
religieuse supérieure de notre époque
dont la société a vaguement conscience.
D'où le non-sens et les souffrances de plus
en plus grandes de la vie d'aujourd'hui.

VIII

LA VIE ANORMALE DE LA SOCIÉTÉ MODERNE

La situation de notre monde chrétien apparaît donc ainsi : une minorité possède
la plus grande partie de terres et d'im-
menses richesses qui se concentrent progressivement dans les mains de quelques-
uns et qui leur servent à entretenir une
vie de luxe et toute artificielle. Une autre
partie des hommes, la plus nombreuse, est
dépourvue du droit de jouir librement de
la terre, plie sous le poids des impôts

taxant tous les objets de première nécessité, est accablée par suite par un travail
malsain et anormal au service des riches,
manque le plus souvent d'habitations
et de vêtements hygiéniques, de nourriture saine, de loisir nécessaire au délas-
sement intellectuel, vit et meurt dans la
dépendance et la haine de ceux qui profitent de son travail.

Les uns et les autres sont en constante
hostilité, recourent à l'occasion à la violence, au mensonge, au rapt, à l'assassinat.
Aussi leur activité est-elle dépensée non en
travaux productifs mais en luttes : lutte
de capitalistes contre capitalistes, d'ouvriers contre ouvriers, de capitalistes
contre ouvriers. Malgré des perfectionnements techniques apportés à la produc-
tion industrielle, les richesses du sol et du
sous-sol sont mal exploitées. Mais la pire
des pertes c'est celle de vies humaines,
douloureuse, inutile, irréparable.

Le plus malheureux dans cette situation est que les riches et les pauvres se doutent de la folie de cette existence, et de l'avantage qu'il aurait pour les uns et les autres à unir leurs forces, à coordonner leur travail et à partager les produits. Mais ni les uns ni les autres n'aperçoivent aucune possibilité de changer leur situation actuelle, et ils continuent à vivre dans la haine et la lutte, tout en ayant conscience de l'aggravation progressive de leur position.

En plus de ces maux intérieurs, se poursuit une lutte intense et continue entre nations, qui absorbe la majeure partie du travail national dans le but d'entretenir l'armée, de subvenir aux frais de guerre, durant laquelle périssent dans la force de l'âge des centaines de mille d'hommes et sont pervertis des millions d'autres. Ici de même, nous savons que les armements et les guerres sont insen-

sés, funestes, conduisent à la ruine ma-
térielle et à la déchéance morale; cependant, nous continuons à sacrifier notre vie
et notre travail à ces dieux.

Tout le monde sait que cela ne doit
pas être et qu'on pourrait l'éviter; malgré tout, nous continuons à aggraver le
mal.

Cette conscience d'une vie contraire à
l'intérêt, à la raison, au vœu de chacun de
nous, devient à tel point douloureuse que
les plus généreux parmi les hommes,
dont le nombre croît de plus en plus, ne
voient d'autres issues à cette impasse
que le suicide.

D'autres, souffrant également de la contradiction entre leurs aspirations morales
et la réalité, cherchent à y échapper par
un suicide partiel : l'abrutissement par le
tabac, le vin, l'alcool, l'opium, la mor-
phine. D'autres encore cherchent l'oubli
en ajoutant aux narcotiques des plaisirs

excitants ou stupéfiants : spectacles, lectures, spéculations intellectuelles sur des questions oiseuses auxquelles ils donnent le nom de science et d'art. Enfin, l'immense majorité, accablée par le travail, s'abrutit également par des narcotiques que lui fournissent ses exploiteurs et mène une existence de bêtes ; tout en sentant le caractère anormal de sa situation, elle n'a pas le loisir d'y réfléchir, empêchée qu'elle est par ses préoccupations quotidiennes.

C'est ainsi que vivent et meurent riches et pauvres, générations après générations, sans se demander pourquoi ils ont vécu leur existence douloureuse et stupide, ou bien en entrevoyant vaguement l'horrible et cruelle erreur que fut leur vie.

IX

" LIBERTÉ, ÉGALITÉ, FRATERNITÉ
OU LA MORT "

La situation de l'humanité actuelle est d'autant plus lamentable que dans notre for intérieur nous concevons la possibilité d'une autre vie, toute différente, raisonnée et fraternelle, sans la folie de luxe des uns et la misère et l'ignorance des autres, sans exécutions, débauche, violence, armement, guerres.

Mais le régime présent, maintenu par

la force, s'est enraciné à un tel point, que
nous ne pouvons nous imaginer une vie
collective sans une autorité gouvernementale ; nous y sommes à ce point
habitués, que nous cherchons à réaliser
jusqu'à l'idéal d'une vie libre et fraternelle par des actes d'autorité, c'est-à-
dire par la violence.

Cette erreur est au fond du désordre
moral et matériel de la vie passée, présente et voire future de la chrétienté.

Un exemple frappant nous en est
donné par la Révolution française.

Les hommes de la Révolution ont posé
clairement l'idéal d'égalité, de liberté,
de fraternité, au nom duquel ils souhai-
taient transformer la société. De ces
principes découlaient des mesures pra-
tiques : abolition des castes ; réparti-
tion égale des richesses ; suppression
de titres et de grades, de la propriété
foncière, de l'armée permanente ; insti-

8.

tution de l'impôt sur le revenu, de pensions de retraite pour les ouvriers; séparation de l'Église et de l'État, voire l'établissement d'une doctrine rationnelle, commune à tous.

Ces mesures étaient sages et bienfaisantes; elles étaient la conséquence directe des vrais principes de liberté, d'égalité et de fraternité posés par la Révolution. Ces principes, autant que les mesures qui en découlent, ont été, sont et resteront vrais, et ils demeureront comme l'idéal de l'humanité tant qu'ils ne seront pas réalisés.

Or, cet idéal ne pourra jamais être atteint à l'aide de la violence. Malheureusement, les hommes de la Révolution étaient tellement accoutumés à l'emploi de la force comme unique moyen d'action, qu'ils ne s'étaient pas aperçus de la contradiction que renfermait l'idée de réaliser l'égalité, la liberté et la fra-

ternité par la violence ; ils ne s'aperce-
vaient pas que l'égalité est l'opposé de
domination et de soumission, que la
liberté est inconciliable avec la contrainte et qu'il ne peut y avoir de fraternité entre ceux qui commandent et ceux
qui obéissent. De là toutes les atrocités
de la Terreur.

La faute en est non pas aux principes,
comme le croient certains, — ils ont été
et restent vrais, — mais aux moyens de
leurs applications. La contradiction qui
se fit jour si nettement et si brutalement
pendant la Révolution française et qui,
au lieu du bien, amena le mal, demeure
jusqu'aujourd'hui, se révèle dans toutes
les tentatives d'améliorer l'organisation
sociale.

En effet, on espère réaliser cette amélioration avec le concours du gouvernement, autrement dit par la force. Bien
mieux, cette contradiction se manifeste

non seulement dans les doctrines sociales actuelles, mais même dans celles des partis les plus avancés : socialiste, révolutionnaire, anarchiste, qui prévoient la cité future.

En somme, les hommes cherchent à atteindre l'idéal d'une vie rationnelle, libre et fraternelle avec le concours de la force, quand celle-ci, quelle que soit la forme qu'elle prenne, n'est autre que le droit pris par les uns de disposer des autres et, en cas d'insoumission, de contraindre ceux-ci par le moyen extrême : l'assassinat.

Cela revient à dire : réaliser l'idéal du bonheur humain par le meurtre.

La grande Révolution française a été « l'enfant terrible », qui, au milieu de l'enthousiasme de tout un peuple, devant la proclamation des grandes vérités révélées et devant l'inertie de la violence, a exprimé, sous une forme candide, toute

l'ineptie de la contradiction dans laquelle
se débattait alors et se débat encore l'humanité : « liberté, égalité, fraternité, ou
la mort ».

X

LES FORMES SOCIALES CHANGENT,
MAIS LA VIOLENCE PRÉDOMINE TOUJOURS
DANS LES RAPPORTS DES HOMMES

Il est donc manifeste que la cause de
la singulière contradiction, montrant les
hommes à la poursuite de l'idéal de liberté,
d'égalité, de fraternité par des moyens
qui excluent la possibilité de sa réalisation, cette cause est dans le fait que les
hommes ont déjà vaguement conscience
de la conception religieuse correspon-
dant à l'âge actuel de l'humanité, tandis
qu'ils sont tellement attachés aux formes

anciennes de vie qu'ils ne sauraient
en imaginer d'autres, conformes à la nouvelle conception. Tel l'enfant devenu
adulte et qui, par l'habitude prise, voudrait qu'on continue à l'aider à s'habil-
ler et à le faire manger.

L'ordre des choses existant ne s'accor-
dant plus avec l'âge de la société, mais la
nouvelle conception n'étant pas encore
assimilée par elle, toutes les tentatives
d'amélioration de cet ordre de choses sont
dirigées vers l'amendement des formes
sociales extérieures. Or, cette modification superficielle est inconciliable avec
l'idéal d'une vie libre, fraternelle et
raisonnée. Aussi, pour la réaliser, ou seulement pour pouvoir en approcher, tout le
système actuel doit être aboli.

« Il importe surtout que le gouvernement soit juste, ou, s'il agit mal, qu'il soit
remplacé par un meilleur ; alors tout ira
bien, tous seront égaux, libres, et la con-

corde règnera », pensent la plupart des hommes de notre temps.

Les uns croient qu'il suffit à cet effet de conserver l'état des choses établi en laissant au gouvernement le soin de le régulariser, et se préoccupent seulement d'écarter les obstacles sur sa route. Ceux-ci sont connus sous le nom de conservateurs.

D'autres estiment que la mauvaise organisation actuelle doit et peut être corrigée par l'introduction de nouvelles lois et constitutions garantissant la liberté et l'égalité. Ceux-ci sont appelés libéraux.

D'autres enfin disent que tout le régime actuel est mauvais, qu'il doit être supprimé et remplacé par un plus parfait : il établirait l'égalité complète, au point de vue économique principalement ; il assurerait la liberté et la fraternité de tous les humains sans distinction de race ni de nationalité. Ce sont les révolutionnaires de diverses nuances.

Tous les représentants de ces partis, d'opinions si divergentes, sont d'accord cependant sur le principal moyen d'améliorer la condition des hommes : l'autorité gouvernementale, c'est-à-dire la contrainte.

Ainsi pensent et disent les hommes qui ont le loisir de discuter les grands problèmes sociaux. (En ces derniers temps ces sociologues sont devenus particulièrement nombreux. Je ne crois pas exagérer en disant que ceux à qui la situation de fortune le permet, consacrent la majeure partie de leur temps à des discussions et à des démonstrations réciproques sur la meilleure manière pour le gouvernement de réaliser plus ou moins l'égalité, la liberté, la fraternité.)

Quant à la majorité des travailleurs manquant de loisir pour discuter les questions d'intérêt général et s'enseigner mutuellement, au fond ils pensent et disent

de même : le perfectionnement de l'organisation sociale peut être réalisé par le gouvernement seul. Aussi, loin de souhaiter
sa disparition, ils mettent tout leur espoir
en lui, en son amélioration présente ou
future. Riches et pauvres, non seulement
pensent, mais agissent ainsi.

L'ancien régime est maintenu en Chine,
en Turquie, en Abyssinie, en Russie ; on
ne le modifie en rien, et tout va de mal en
pis ; en Angleterre, en Amérique, en France
on cherche à amender le système social
en perfectionnant la Constitution, et cependant l'idéal de liberté, d'égalité, de
fraternité est aussi loin de sa réalisation.

En France, en Espagne, dans les républi-
ques Sud-Américaines, en Russie actuellement, des révolutions furent et sont orga-
nisées ; mais, qu'elles réussissent ou non,
comme la vague renvoyée, l'ancienne situation revient toujours, parfois même aggra-

vée. Que l'ancien régime demeure ou
soit changé, l'absence de liberté et l'ani-
mosité restent les mêmes : châtiments, prisons, bannissements, impossibilité d'acheter des objets sans droit de douane, ni de
jouir des instruments de travail ; c'est la
même privation des travailleurs du droit à la
terre sur laquelle ils sont nés, comme aux
temps du Joseph de la Bible ; c'est la même
haine entre nations ; le même envahisse-
ment des peuples sans défense de l'Afrique
et de l'Asie, comme sous Gengis-Khang ;
même cruauté, mêmes tortures de l'empri-
sonnement cellulaire et des compagnies
disciplinaires, rappelant le temps de l'In-
quisition ; mêmes armées permanentes et
esclavage militaire ; même inégalité ,
comme entre le pharaon et ses esclaves,
entre les Rockfeller ou les Rothschild et
leurs serfs.

Les formes sociales changent, mais les
rapports entre les hommes demeurent

invariables ; et c'est pourquoi nous n'avan-
çons pas vers l'idéal égalitaire. Si même
nous avons avancé sur le chemin de
cet idéal, ce n'est pas en raison des
modifications apportées au pouvoir gouvernemental, mais plutôt malgré les
obstacles semés par celui-ci. Si l'on
a cessé de dévaliser les gens dans les
villes, on le doit non à des lois nouvelles, mais au meilleur éclairage des
rues. Si des gens ne meurent pas aussi
souvent de faim, cela n'est pas dû non
plus à une organisation plus parfaite des
pouvoirs publics, mais aux voies de com-
munication. Si l'on ne brûle plus les sor-
cières, si l'on ne recourt plus aux tortures,
comme moyen d'instruction judiciaire ;
si on ne coupe plus aux condamnés le
nez, la langue et les oreilles, ce n'est point
grâce aux transformations introduites
dans le mécanisme gouvernemental, mais
au progrès des connaissances et des sen-

timents absolument indépendants de ce
mécanisme.

Les formes extérieures changent avec
l'âge de l'humanité, autrement dit avec
le développement de ses forces intellectuelles et de sa maîtrise croissante sur la
nature ; mais le fond reste le même. Tel
un corps qui dans sa chute change sa
position, tandis que la ligne que suit son
point de gravité demeure invariable.

Lancez un chat d'une hauteur : il peut
tourner sur lui-même, avoir la tête en
haut ou en bas, son centre de gravité ne
sortira pas de sa ligne de chute. Il en
est de même des changements des formes
extérieures de la violence gouvernementale.

Il semblerait que les hommes, en tant
qu'êtres doués de réflexion et qui veulent
être guidés par un idéal de bien, devraient
choisir entre ces deux alternatives : ou
bien renoncer à l'idéal de raison, incon-

9.

ciliable avec la violence, ou bien rejeter celle-ci et ne plus l'employer. Or, ils n'adoptent aucune de ces conduites, mais simplement modifient à l'envi les formes de violence. Ils procèdent à l'instar d'un homme qui, chargé d'un poids inutile, tantôt en modifie le paquetage, tantôt le déplace de son dos sur ses épaules, du dos sur les reins et de nouveau sur le dos, sans que l'idée lui vienne de faire le seul acte nécessaire : s'en débarrasser.

Le plus malheureux est que, tout préoccupés par l'amélioration des formes de violence, — ce qui ne peut changer leur situation, — les hommes s'éloignent de plus en plus de l'activité qui seule peut leur procurer un réel bien-être.

XI

L'ÉGLISE ET LA SCIENCE
OBSTACLES A LA VÉRITABLE CONCEPTION
DE LA VIE

L'humanité chrétienne — sinon l'humanité entière — se trouve actuellement au début d'une transformation universelle, qui couvait durant des siècles, voire pendant des milliers d'années. Cette transformation de l'humanité peut être comparée à celle d'un individu qui d'un enfant devient un homme fait.

Elle se manifeste de deux façons : intérieurement et extérieurement. La trans-

formation intérieure est constatée par ce
fait que la religion, c'est-à-dire l'explication du sens de la vie, était comprise autrefois comme une révélation mystique et
merveilleuse, et elle se manifestait sous
forme des rites qui en résultaient ; tandis
que, aujourd'hui, l'humanité est arrivée
à un degré d'évolution, — qui se révèle
davantage dans les idées des meilleurs
parmi nous, — rendant superflus l'explication mystique du sens de la vie et
les rites préconisés comme étant agréa-
bles à Dieu. Il suffit, de nos jours,
d'avoir une explication raisonnée du sens
de la vie, plus convaincante que l'ancienne et qui montre mieux que les
cérémonies cultuelles le devoir moral.

Telle est la transformation intérieure
qui s'effectuait durant des milliers
d'années, qui se poursuit encore, mais
qui est assez avancée pour que la majorité des hommes soit en mesure de

s'assimiler cette nouvelle conception religieuse. L'adulte commence à sentir qu'il
cesse d'être enfant.

Quant à la transformation extérieure,
liée au changement intérieur, elle consiste dans la modification des formes
sociales, dans le remplacement du principe qui groupait et groupe encore les
hommes : la substitution de la conviction
raisonnée et du sentiment de la concorde
à la violence.

L'humanité a expérimenté toutes les
formes possibles de gouvernements
oppressifs, et, toujours et partout,
depuis le régime républicain le plus
démocratique jusqu'au despotisme le plus
brutal, la quantité et la qualité du mal
produit par la violence ne varient pas. Si le
despote et son arbitraire ne sont plus,
subsistent le lynchage et les excès de la
foule démagogique; si l'esclavage per-
sonnel n'est plus, il y a l'esclavage d'ar-

gent; plus de prestation ni dîme directes, mais des impôts indirects; plus de despotes, mais des rois et empereurs autocrates, milliardaires, ministres, partis tyranniques.

La faillite de la violence comme moyen de gouvernement, son antagonisme avec la conscience moderne, sont trop évidents pour que l'ordre existant puisse encore longtemps se maintenir. Mais les conditions extérieures ne sauraient changer sans l'évolution de la mentalité des hommes. C'est pourquoi tous nos efforts doivent se porter vers cette transformation intérieure.

Que devons-nous entreprendre à cet effet? Une seule chose et de prime abord : écarter les obstacles qui empêchent les hommes de reconnaître leur situation et d'appliquer les principes religieux qui se sont déjà insinués dans leur esprit.

Ces obstacles sont : le mensonge entretenu par la religion officielle et celui imposé par la science.

Le premier mensonge est de faire croire aux hommes que la religion — en tant que réponse aux questions vitales et principe directeur de la vie — est inséparable du mysticisme, de la magie, des miracles, des rites et cérémonies.

Le mensonge de la science est de persuader que la religion est un sentiment désuète, un reste des anciens temps, et qu'à notre époque elle peut être, avec avantage, suppléée par l'étude des lois de la vie et par des règles de conduite dictées par le raisonnement et l'expérience.

Le mensonge des hommes d'Église est de substituer à l'explication du sens de la vie la doctrine de la révélation, contraire aux connaissances modernes, et à la règle de conduite les cérémonies rituelles sans portée morale. La faute des savants est de considérer comme

absolument superflue la métaphysique
religieuse, autrement dit l'explication du
sens de la vie, en s'imaginant qu'il est
possible d'établir une règle de conduite,
sans s'appuyer sur la métaphysique religieuse.

Les hommes d'Église affirment que la
religion est utile au peuple, tout en
ayant perdu eux-mêmes la foi. Les
hommes de la science déclarent que la
religion, ce qui a fait et fera avancer
l'humanité, est un vestige des anciennes
superstitions qu'on doit rejeter, et que les
hommes peuvent être guidés par de pré-
tendues lois découvertes par une prétendue science : la sociologie.

Ce sont ces hommes, les soi-disant savants en particulier, qui, à notre époque
de transition, constituent le principal obstacle à l'élévation de l'humanité à ce
degré de conscience intime et d'organisation extérieure qui répond à son âge.

Ceux qui se prétendent les servants de
la Science sont plus nuisibles, parce que
le mensonge des servants de l'Église a pu
déjà être mis à nu dans toute sa laideur
et que la plupart des hommes n'y croient
plus ; elle s'en affranchit de plus en plus,
et si elle suit encore l'Église, elle ne le
fait que par tradition, usage et conve-
nance. La superstition scientifique, par
contre, est en pleine force, et ceux qui
se sont libérés du mensonge ecclésias-
tique et se croient esprits libres, se
trouvent inconsciemment sous la domination complète de cette nouvelle Église :
la Science.

Ses prêtres appliquent tous leurs efforts afin de détourner l'attention des
hommes des questions religieuses essen-
tielles et de la diriger vers des questions
futiles : l'origine des espèces, l'analyse
spectrale, la nature du radium, la théorie des nombres, les animaux fossiles et

10

autres sornettes, en leur attribuant la
même importance que donnaient les
Mages à l'Immaculée-Conception, à la
dualité de la substance, etc. D'autre part,
ils s'efforcent à suggérer que la religion — c'est-à-dire l'établissement du
rapport de l'homme à l'égard' de l'Univers et de son principe — n'est nullement nécessaire, et que des phrases
pompeuses sur le droit, la morale et
l'inexistante science sociologique, peuvent, avec avantage, la remplacer. De
même que les partisans de l'Église, ils se
persuadent et persuadent aux autres qu'ils
sauvent l'humanité ; autant qu'eux, ils
croient en leur infaillibilité, ne sont jamais d'accord entre eux, et se divisent
en nombreuses chapelles ; de même que
l'Église autrefois, ils sont aujourd'hui
la cause principale de l'ignorance, de la
grossièreté, de la dissolution, et par suite,
du retard que met l'homme à s'affranchir

du mal dont il souffre. Ces savants agissent à l'instar des bâtisseurs dont l'Évan-
gile dit : « Ils ont rejeté la pierre qui a
toujours été et sera la clef de voûte. »
Ils ont rejeté la seule chose qui unissait
et peut unir en un seul tout l'humanité :
la conscience religieuse.

C'est ainsi que s'établit le cercle vicieux, — un mal succédant à un autre,
— dans lequel tourne l'humanité chrétienne de notre temps. Qu'ils acceptent
la doctrine pleine de superstitions de
l'Église, ou les vagues, complexes et
vaines spéculations scientifiques, — qui
moins encore que l'Église peuvent guider dans la vie, — les hommes, privés
de leur faculté supérieure : la conscience
religieuse, ne peuvent, malgré leurs efforts, améliorer leur condition, encore
moins détruire l'état de choses actuel, afin
de se rapprocher de leur idéal : l'égalité,
la liberté, la fraternité.

La force leur en manque.

Seuls, les hommes qui vivent la vie éternelle, et non pas la vie terrestre exclusivement, peuvent réaliser un idéal éternel; et seuls ils peuvent accomplir ce qui paraît comme un sacrifice à ceux qui sont attachés à la vie terrestre. Car c'est le sacrifice des biens d'ici-bas qui fait avancer l'humanité.

Le sacrifice, en effet, est facile seulement à l'homme religieux, à celui qui considère sa vie dans l'Univers, comme une manifestation partielle de la vie universelle, et croit devoir, par suite, se soumettre aux lois de cette vie éternelle.

Par contre, pour celui qui considère la vie terrestre comme toute sa vie, le sacrifice n'a aucun sens; et n'ayant pas la force de sacrifice, il est impuissant à supprimer, à diminuer le mal de la vie. Il le déplacera éternellement d'un endroit à un autre, mais ne pourra jamais le détruire.

C'est pourquoi les hommes n'ont qu'un moyen de se libérer du mal dont ils souffrent : la propagation parmi eux de la véritable doctrine religieuse, la plus haute de notre époque et qui s'est déjà insinuée dans leur esprit.

10.

XII

LE PERFECTIONNEMENT MORAL INDIVIDUEL
EST L'UNIQUE MOYEN
DE RÉALISER LE BONHEUR DE TOUS

Les doctrines religieuses sont toujours
assimilées consciemment, librement par
la minorité, et sous l'influence de la suggestion de la foi par la majorité. Tant que,
suivant cette méthode, l'humanité n'aura
pas adopté la doctrine raisonnée et con-
forme à son âge, seules les formes extérieures de sa vie changeront; le mal de-
meurera le même, voire croîtra de plus
en plus.

Or, cette doctrine existe depuis longtemps et a déjà pénétré dans l'esprit de la
majeure partie de notre société. C'est la
doctrine du Christ dans sa véritable signification, libre de toute fausse inter-
prétation. Ses principes, tant métaphy-
siques qu'éthiques, sont reconnus non
seulement par les chrétiens, mais encore
par les adeptes des autres croyances, car
ils coïncident avec l'essence de toutes les
importantes doctrines religieuses : le
brahmanisme, le confucianisme, le tao-
cisme, le judaïsme, le swedenborgia-
nisme, le spiritualisme, la théosophie,
même le positivisme de Comte.

Le fond de cette doctrine peut être
défini ainsi : l'homme est un être spirituel, semblable à son principe — Dieu ; la
mission de l'homme est d'accomplir la
volonté de ce principe-Dieu ; la volonté
de Dieu est de concourir au bien des
hommes ; le bien des hommes est réalisé

par l'amour; l'amour actif est de faire aux autres ce qu'on veut qu'on vous fasse. C'est là toute la doctrine.

Elle n'est point une révélation mystique de la manifestation surnaturelle de la divinité, de ses dogmes et décrets, comme l'affirme l'Église; elle n'est pas non plus un enseignement moral recommandant une vie collective rationnelle, harmonieuse et profitable à tous, comme la comprennent les savants; elle est l'explication logique du sens de la vie, et grâce à laquelle la règle de conduite n'est pas imposée extérieurement, mais résulte naturellement du sens que nous attribuons à notre vie. Bien qu'elle n'admette aucun phénomène surnaturel, contrairement à ce que prétend l'Église, cette doctrine n'a pas toutefois davantage un caractère intellectuel laissant notre raison seule nous guider, comme le pensent les savants incroyants.

Cette doctrine est une *religion*, c'est-
à-dire, l'établissement du rapport de
l'homme envers le monde et son principe. Elle donne la réponse aux questions :
qu'est-ce que l'homme par rapport à l'infini dans l'espace et le temps, et quelle est
la mission de sa vie ? Cette réponse donne
aux hommes qui la reconnaissent une
explication raisonnée du sens de la vie,
d'où découlent naturellement des règles
immuables de conduite.

C'est par là que se distingue la véritable doctrine chrétienne du christianisme
d'Église enveloppé de mysticisme et étayé
sur des miracles, et c'est ainsi qu'elle dif-
fère de la morale utilitaire des incroyants
qui, sans s'en apercevoir, empruntent au
christianisme ses conclusions tout en en
méconnaissant le fond.

Tant que cette doctrine ne sera pas
reconnue dans sa pureté et que son principe métaphysique — l'attitude que doit

garder l'homme envers Dieu — ne sera
pas accepté, tant qu'elle ne sera pas répandue dans le monde chrétien, comme
l'est aujourd'hui la religion d'Église,
toutes les formes de violence dont souffrent les hommes, l'oppression gouvernementale surtout, demeureront invariables.

Mais quelles mesures doivent être
recommandées à cet effet?

Nous sommes tellement imprégnés
de l'idée fausse attribuant la possibilité d'améliorer notre vie par des moyens
extérieurs, qu'il nous semble possible de
réaliser le changement de notre état intérieur par les seuls moyens extérieurs.

Mais il n'en est pas ainsi ; et c'est là
une chance considérable pour l'humanité.
En effet, si nous pouvions influer les uns
sur les autres par des moyens extérieurs,
les hommes légers, irréfléchis pourraient
corrompre leurs semblables et les priver

du bonheur; en outre, une semblable activité pourrait rencontrer des obstacles infranchissables sur la voie du bonheur.

Heureusement, l'évolution spirituelle est dans le pouvoir de chacun de nous. Nous savons toujours en quoi consiste notre véritable bonheur, de chacun de nous et des autres hommes, et rien ne peut arrêter ou retarder notre activité dans la poursuite de ce but.

Or, le but — le bien de chacun et de tous — est atteint uniquement par la transformation intérieure de l'individu, par l'élaboration d'une conscience religieuse et indépendante, afin de pouvoir vivre en conformité avec cette conception personnelle. De même qu'une matière en combustion peut seule communiquer le feu à d'autres matières, seules, la vraie foi et la vraie vie d'un homme peuvent se communiquer à d'autres hommes, répandre et consolider la vérité

religieuse. Or, seuls la propagation et
l'affermissement de la vérité religieuse
améliorent la condition des hommes.

Voilà pourquoi il n'est qu'un moyen
de se délivrer de tous les maux dont
souffrent les hommes, y compris l'ef-
froyable mal que commet le gouvernement : le travail intérieur que doit accomplir chacun de nous afin d'être l'ar-
tisan de sa propre amélioration morale.

Juin 1905.

LA FIN D'UN MONDE

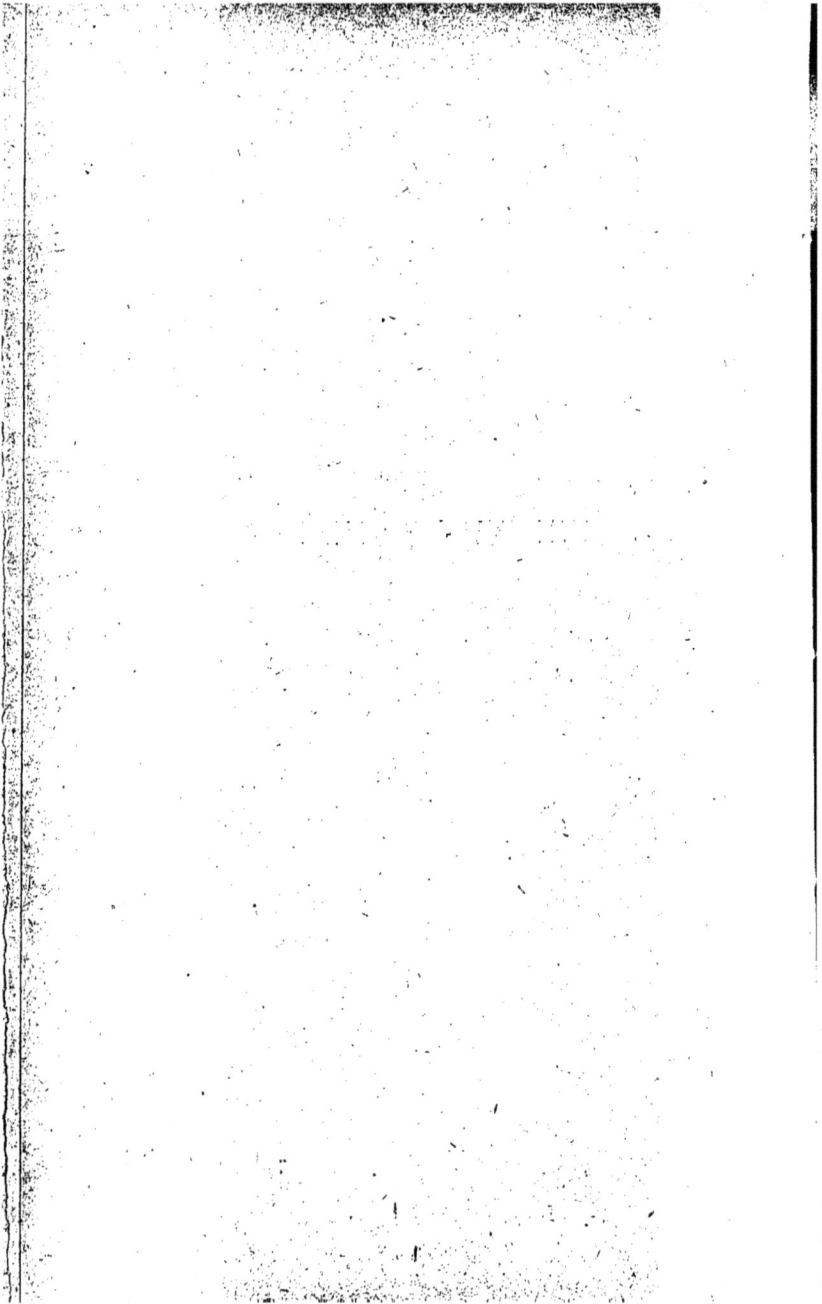

LA FIN D'UN MONDE [1]

> Jamais les hommes n'ont eu devant
> eux une œuvre aussi grandiose à
> accomplir. Notre siècle est le siècle
> de révolution dans la plus haute
> acception de ce mot : Révolution
> morale et non matérielle. Il se forme
> une idée supérieure d'organisation
> sociale et de perfectionnement moral.
>
> CHANNING.

> Et vous connaîtrez la vérité, et
> la vérité vous affranchira.
>
> (JEAN, VIII, 32.)

I

LA FIN D'UN SIÈCLE — SA DISPARITION
SYMPTOMES ET CAUSES

Le siècle et la fin d'un siècle ne signi-
fient pas en langage évangélique la fin et
le commencement d'une période de cent
ans, mais la fin d'une conception de la
vie, d'une croyance, d'un moyen de com-

1. Cette étude, écrite en octobre et novembre derniers (vieux style), a été remaniée et notablement aug-
mentée par l'auteur en décembre 1905 (janvier 1906
nouveau style). C'est d'après cette nouvelle édition que
la présente traduction a été faite. (*Note du traducteur.*)

munion entre les hommes, et le commencement d'une nouvelle conception de
la vie, d'une nouvelle religion, d'un nouveau moyen de communion entre les
hommes.

Il est dit dans l'Evangile qu'au moment
de ces changements de siècle, toutes
sortes de calamités doivent se produire :
trahisons, cruautés, guerres, et que tout
amour doit disparaître à la suite du désordre. Ces paroles, à mon sens, ne doivent pas être prises comme une annonce
prophétique pour un temps donné, mais
comme l'indication d'une loi constante :
tout changement de régime, de conception de vie, est inévitablement accompa-
gné de violentes perturbations, de cruautés, de trahisons, d'illégalités de toutes
sortes, et ces perturbations doivent amener par la suite une éclipse de l'amour
entre les hommes, amour sans lequel
toute vie collective est impossible.

C'est précisément ce qui se produit
aujourd'hui, non seulement en Russie,
mais dans le monde chrétien en général.
En Russie, ce phénomène se manifeste
avec plus de netteté et plus ouvertement,
tandis que dans le reste du monde civi-
lisé il se trouve à l'état latent.

Je crois qu'en ce moment la vie des
peuples chrétiens a atteint cette limite
qui marque la fin d'une ère et le commencement d'une autre. Je crois que
précisément à cette heure, commence la
grande révolution qui se prépare depuis
deux mille ans dans le monde chrétien,
révolution consistant dans la substitution
au christianisme corrompu et au régime
de domination qui en découle, du véritable christianisme, base de l'égalité entre
les hommes, et de la vraie liberté à laquelle aspirent tous les êtres doués de
raison.

J'aperçois les signes extérieurs de ces

11.

changements, dans l'âpre lutte de classes,
dans la froide cruauté des possédants,
l'irritation et le désespoir des miséreux,
les armements insensés et croissants des
nations les unes contre les autres, l'extension de la doctrine collectiviste, ef-
frayante par son esprit despotique, éton-
nante par son caractère plein d'utopies,
dans la vanité et la puérilité de certaines
études soi-disant scientifiques, la corruption morbide et l'inanité de toutes les
manifestations de l'art ; je les vois enfin
et surtout dans l'absence chez les dirigeants de toute idée religieuse, mieux,
la négation voulue de toute religion,
enfin, dans la reconnaissance du caractère légitime de l'oppression du faible par
le fort, ce qui amène la disparition de
tout principe directeur de la vie sociale.

Tels sont les symptômes généraux de
la révolution qui s'effectue, ou plutôt de
la tendance à la révolution qui se mani-

feste chez les peuples chrétiens. Les
symptômes historiques plus immédiats,
autrement dit, les secousses qui ont fait
la révolution, sont la guerre russo-japonaise et l'agitation politique et sociale
qui se manifeste actuellement d'une façon
inouïe dans le peuple russe.

On attribue la débâcle de l'armée et de
la flotte russe à des hasards malheureux, à l'incurie du gouvernement; on
attribue la force du mouvement révolutionnaire à l'insuffisance de ce même
gouvernement et à l'action plus éner-
gique des agitateurs. Quant aux conséquences, les politiciens, tant russes
qu'étrangers, croient que ces événements
amèneront l'affaiblissement de la Russie,
ainsi qu'un changement de son régime
politique.

A mon sens, ces événements ont une
portée bien plus grande : la débâcle de
l'armée, de la flotte et de l'administra-

tion russes marque le commencement
de la désagrégation de l'État russe, et la
désagrégation de l'État russe signifie, à
mon avis, le commencement de la disparition de toute la civilisation soi-disant
chrétienne. C'est bien la fin d'un monde
et le commencement d'un autre.

Les phénomènes dissolvants, qui ont
placé les peuples chrétiens dans la situation où ils se trouvent actuellement, se
sont manifestés depuis longtemps, depuis
que la religion chrétienne a été reconnue
comme religion d'État.

Voici un système social qui se maintient par la violence, existe plutôt par la
soumission complète à ses lois qu'aux
lois de la religion, ne peut subsister
sans la répression, la force armée et les
guerres, attribue à ses gouvernants un
caractère presque divin, glorifie la richesse et la puissance, et cependant
accepte la religion chrétienne qui pro-

clame l'égalité et la liberté complète de
tous les hommes, reconnaît la loi de
Dieu supérieure à toutes les autres lois,
condamne toute violence, tout châtiment et toute guerre, prescrit l'amour
des ennemis, glorifie non pas la puissance et la richesse, mais l'humilité et la
pauvreté; en un mot, la société adopte
en la personne de ses gouvernants païens
la religion chrétienne, non dans son sens
vrai, mais sous sa forme corrompue per-
mettant le maintien d'une organisation
païenne de la vie.

Aussi, les pasteurs des peuples et leurs
conseillers, qui pour la plupart ne comprennent pas le sens du véritable christianisme, s'indignent-ils très sincère-
ment contre les hommes qui professent
et propagent le vrai christianisme, et, la
conscience tranquille, les châtient et les
bannissent. Le clergé défend de lire
l'Evangile et se réserve le droit exclusif

de le commenter, d'imaginer des sophis-
mes complexes justifiant l'union contre
nature entre l'Etat et le Christianisme,
d'instituer des cérémonies solennelles qui
hypnotisent la foule. Et c'est ainsi que la
grande majorité des hommes a vécu des
siècles durant, croyant vivre en bons
chrétiens, sans même soupçonner ce que
peut être la vraie doctrine du Christ.

Toutefois, si grand que fut le prestige
de l'Etat, si long que fut son triomphe,
si cruelle que fut sa tyrannie contre la
véritable idée chrétienne, la vérité révé-
latrice de l'âme humaine une fois connue,
n'a pu être étouffée. Plus cette situation
a duré, plus nettement est apparue la
contradiction entre la doctrine chrétienne, toute d'humilité et d'amour, et
la doctrine de l'Etat, toute d'orgueil et
de violences.

La plus puissante digue du monde ne
saurait arrêter le cours des flots humains.

Ces flots se frayent inévitablement leur voie, soit en passant sur la digue, soit en la contournant, soit en la brisant. Ce n'est qu'une question de temps. Il en sera de même du véritable christianisme étouffé depuis si longtemps par les gouvernants. Le temps est venu où il commence à détruire la digue qui l'arrête et à en balayer les débris.

J'aperçois les signes extérieurs de cette destruction, dans la facilité avec laquelle les Japonais ont triomphé des Russes, et dans la violente agitation qui soulève toutes les classes de la société russe.

II

LA PORTÉE DE LA VICTOIRE DES JAPONAIS

Comme il arrive toujours en cas de
défaite, on cherche à expliquer aujour-
d'hui celle des Russes par les fautes
qu'ils ont commises : mauvaise organisation militaire, abus, ignorance des chefs.
Telle n'en est pas la véritable cause.
Ce n'est pas tant l'incurie gouvernementale ou l'insuffisance du commandement
militaire que la supériorité certaine des
Japonais dans l'art de la guerre qui a

déterminé la défaite des Russes. La victoire du Japon est due non pas à la fai-
blesse de la Russie, mais au fait que le
peuple nippon constitue évidemment aujourd'hui la plus forte puissance militaire
sur terre et sur mer. Je le crois, parce
que les Japonais, grâce à leur esprit
pratique et à l'importance qu'ils ont
accordée à l'art militaire, se sont assimilé bien mieux que les nations chrétiennes tous les perfectionnements techniques qui ont procuré jusqu'ici à celles-ci
l'avantage sur les peuples non chrétiens ;
parce que les Japonais sont par leur nature plus braves et plus indifférents devant
la mort que nous ne le sommes aujour-
d'hui ; parce que le patriotisme guerrier,
que nos gouvernants s'efforcent de nous
inculquer bien qu'il soit en tous points
contraire à la doctrine du Christ, existe
encore dans toute sa force primitive chez
les insulaires asiatiques ; enfin, parce

que, en se soumettant servilement à l'autorité despotique d'un Mikado divinisé,
leur énergie demeure plus concentrée et
plus unie que celle de peuples qui ont
franchi la phase de soumission servile.
En un mot, le grand avantage des Nippons
est de n'être pas chrétiens.

Si corrompue que soit chez nous l'idée
chrétienne, notre conscience en est malgré
tout imprégnée, et les meilleurs parmi nous
ne peuvent plus employer leur force intellectuelle à imaginer et à fabriquer les
instruments de meurtre, ni se refuser à
condamner plus ou moins le patriotisme
belliqueux. Ils ne sauraient imiter les
Japonais, qui s'ouvrent le ventre plutôt
que de tomber dans les mains de l'ennemi, ni, comme jadis nous-mêmes, se
faire sauter avec l'ennemi plutôt que de
se rendre. Ils ne peuvent plus priser
comme autrefois les vertus guerrières ni
respecter la caste militaire ; enfin il leur

est impossible, sans offenser leur dignité
humaine, de se soumettre servilement
aux autorités, surtout de faire impassible-
ment métier d'assassins.

Dans la vie courante même, lorsque
l'activité humaine se trouve en opposition
avec la doctrine évangélique, les peuples
chrétiens sont impuissants à lutter avec
les peuples non chrétiens. Le fait se produit notamment dans les questions d'argent. Si faussement qu'ils interprètent la
doctrine du Christ, ses partisans ont
conscience que la richesse ne donne pas
le bonheur suprême ; aussi, ne mettent-
ils pas à l'acquérir la même âpreté que
ceux qui, n'ayant pas d'idéal plus élevé,
voient en elle la seule bénédiction divine.

On peut en dire autant de la science et
de l'art non chrétiens. Dans le domaine
de la science expérimentale et positive et
de l'art morbide et sensuel, la supériorité
appartient et appartiendra sans conteste

aux peuples et aux individus les moins
chrétiens.

Ce phénomène, que nous voyons se
manifester en pleine paix dans toutes les
branches de l'activité sociale, doit à plus
forte raison se produire dans les choses
de la guerre, rigoureusement interdite par
la doctrine évangélique. C'est pourquoi
l'inévitable supériorité des peuples non
chrétiens s'est révélée avec une si grande
évidence dans les victoires éclatantes des
Japonais sur les Russes, malgré l'équiva-
lence de leurs armements et de leur science
militaire.

❧ C'est par là surtout que la victoire des
Japonais est pour nous d'un grand enseignement. Elle a montré en effet d'une
façon absolue, non seulement à la Russie
vaincue mais au monde entier, combien
était insuffisante la culture extérieure dont
étaient si fières les nations chrétiennes,
culture qui leur semblait être le résultat

merveilleux de nombreux siècles d'efforts
et que pourtant le Japon a pu s'assimiler
en quelques dizaines d'années, bien qu'il
ne soit nullement doué de qualités morales
exceptionnelles ; car, lorsqu'il l'a cru nécessaire, il a tout appris, depuis la décou-
verte des bactéries jusqu'à celle des explosifs, et il a si bien su mettre en pratique
cette science, que dans l'art de la guerre
il est devenu bientôt supérieur à ses
maîtres.

Sous prétexte de se défendre, les peuples chrétiens ont rivalisé durant des
siècles dans l'invention d'engins de destruction, qu'ils ont employés aussi bien à
lutter entre eux qu'à combattre les peuples
non civilisés de l'Afrique et de l'Asie pour
en tirer profit.

Mais voici que parmi ceux-ci apparaît
un peuple guerrier, plein d'habileté et
doué d'une merveilleuse facilité d'assimi-
lation, qui, devant le danger, menaçant

12.

lui et ses voisins, a su s'approprier avec
une aisance et une rapidité extraordinaires
tout ce qui faisait la supériorité incontes-
table des Européens. Il comprit très vite
que, au moment où l'on va vous frapper
d'une lourde massue, il faut en saisir une
semblable, une plus lourde au besoin, afin
de rendre coups pour coups.

Profitant de plus de l'avantage que lui
donnaient son despotisme religieux et son
fanatisme patriotique, il est devenu, au
point de vue guerrier, plus redoutable que
la plus grande des puissances militaires.

Sa victoire a montré aux peuples guer-
riers que la force des armes n'est plus
entre leurs mains, mais qu'elle est, ou doit
passer bientôt, entre les mains de ceux qui
ne sont pas chrétiens. En effet, imitant
l'exemple du Japon, tous les peuples de
l'Asie et de l'Afrique peuvent devenir
capables de s'assimiler cette science militaire dont sont si fières les nations chré-

tiennes, et alors il leur sera facile non
seulement de se libérer de leur oppression, mais encore de les anéantir toutes.

En raison de l'issue de la guerre russo-
japonaise, les gouvernements européens
vont être obligés d'accroître les armements qui déjà écrasent leurs peuples,
et, même en doublant leurs effectifs, ils
devront prévoir malgré tout qu'avec le
temps les peuples païens si longtemps
opprimés, apprenant l'art de la guerre
aussi bien que les Japonais, en arrive-
ront à rejeter leur joug et à se venger.

Ainsi, ce n'est plus le pur raisonnement,
mais l'amère expérience de la victoire
japonaise qui rend évidente pour tous les
peuples cette simple vérité : La violence
ne peut conduire à rien autre qu'à l'aggravation des maux et des souffrances.

Cette victoire a prouvé que, préoccupés de l'accroissement de nos forces
armées, nous avons commis une œuvre

non seulement mauvaise, mais encore
contraire à l'esprit chrétien qui nous
domine, une œuvre dans laquelle nous
serons forcément surpassés et vaincus
par les païens. Cette victoire a montré que
notre activité guerrière nous était funeste,
épuisait inutilement nos forces et surtout
nous préparait des ennemis plus puis-
sants.

Cette guerre a démontré avec évidence
que la force de nos peuples n'est pas
dans la domination militaire et que,
s'ils veulent rester chrétiens, ils doivent
conformer leur vie à la doctrine évangélique, qui seule leur donnera le suprême
bonheur, acquis par l'amour et la concorde, et non par la violence.

C'est là, et non ailleurs, qu'est la véritable signification de la victoire des Japonais pour le monde chrétien.

LE SENS DU MOUVEMENT RÉVOLUTIONNAIRE
EN RUSSIE

La victoire du Japon a montré à tous combien était fausse la voie suivie jusqu'ici par la civilisation. Aux Russes, cette guerre — cause de tant de souffrances insensées : sacrifice inutile d'hommes et de richesses — a montré, de plus, le grave danger de leur soumission à leur gouvernement. Afin d'assurer de louches profits à quelques personnages malfaisants, ce gouvernement a

jeté le pays dans une guerre imbécile qui,
dans aucun cas, ne pouvait être avanta-
geuse pour le peuple. Des centaines, des
milliers de vies ont été sacrifiées, les
produits du labeur colossal de tout un
peuple perdus, enfin, la gloire elle-même
de la Russie, pour ceux qui en étaient
fiers, anéantie ; mais le pis est que les fau-
teurs de tous ces crimes, loin de les reconnaître, en rejettent sur d'autres la responsabilité, et que, conservant leurs places,
ils sont tout disposés à jeter le pays
dans de plus grands malheurs encore.

La révolution commence tout naturellement lorsque la société vient à abandonner une certaine conception de la vie
sur laquelle continue à reposer l'édifice
social existant, autrement dit, lorsque la
contradiction entre la vie telle qu'elle est
et celle qui doit ou peut être devient si
nette pour la majorité des hommes, que
ceux-ci sentent déjà l'impossibilité de

continuer à vivre dans les anciennes conditions ; et cette révolution éclate d'abord
chez la nation qui possède le plus grand
nombre d'individus conscients de cette
contradiction. Quant aux moyens employés par la révolution, ils dépendent
du but qu'elle poursuit.

En 1793 la contradiction entre l'idée
d'égalité des hommes et le pouvoir despotique des rois, du clergé, des nobles, des
fonctionnaires, était sentie non pas seulement par les peuples qui en souffraient,
mais aussi par les meilleurs parmi les
hommes des classes dirigeantes du monde
chrétien tout entier. Mais nulle part plus
qu'en France ces classes ne ressentaient
l'injustice de l'inégalité, nulle part la
conscience populaire n'était moins as-
servie. C'est pourquoi la Révolution de
1793 a débuté précisément en France.
Quant au moyen le plus immédiat de
conquérir l'égalité, il consistait tout natu-

rellement à prendre par la force le pouvoir que détenaient les maîtres du jour;
c'est pourquoi les révolutionnaires de
l'époque ont eu recours à la violence
pour arriver à leur fins.

Actuellement, en 1905, où les gouvernants enlèvent arbitrairement aux hommes le produit de leur travail pour
s'armer à outrance, où à chaque instant
ils peuvent pousser les peuples à s'en-
tr'égorger, la contradiction entre une vie
libre possible et légitime et la soumission
stupide et funeste aux oppresseurs, est
ressentie non seulement par les peuples
qui en souffrent, mais aussi par les plus
généreux parmi ceux qui les gouvernent.
Nulle part cette contradiction n'est aussi
nette que chez le peuple russe.

Il la ressent autant en raison de la
guerre stupide et honteuse où il fut jeté
par le gouvernement que par suite du
régime agraire qu'il a conservé jusqu'ici;

il la ressent surtout à cause de la conscience chrétienne particulièrement vivace
chez lui.

J'estime donc que la révolution de
1905, ayant pour but d'affranchir les
hommes de l'oppression brutale, doit
commencer et commence précisément en
Russie. Quant aux moyens d'y parvenir,
ils doivent être évidemment tout autres
que la violence à laquelle les hommes
avaient eu jusqu'ici recours pour arriver
à l'égalité.

Les hommes de la grande Révolution
pouvaient encore se méprendre en croyant
à la possibilité de réaliser l'égalité par la
violence, quoiqu'il fût de toute évidence
que la force brutale était par elle-même
la manifestation la plus vive de l'inégalité. A plus forte raison ne peut-on aujourd'hui recourir à la violence pour conquérir cette liberté, qui est le principal
but de la révolution actuelle.

13

Or, que voyons-nous? Les révolutionnaires de nos jours répètent en Russie
tout ce que faisaient leurs devanciers
dans les pays européens : manifestations
solennelles, cortèges funèbres, destruction des prisons, brillants discours (« Allez dire à votre maître... »), assemblées
constituantes, etc... Et ils croient qu'en
renversant le gouvernement existant et
en le remplaçant par une monarchie
constitutionnelle, ou même par une république socialiste, ils atteindront le
but que la révolution s'est imposé.

Mais l'histoire ne se répète pas. La
révolution par la violence a fait son
temps. Tout ce qu'elle a pu donner aux
hommes elle l'a déjà donné, et en même
temps elle a indiqué ce qu'elle était inca-
pable de donner. La révolution qui commence en Russie, — nous ne sommes pas
en 1793, mais en 1905, — où l'on compte
cent millions de paysans doués d'une

psychologie et d'une organisation sociale particulières, cette révolution ne saurait en aucune façon avoir le même but et se faire par les mêmes moyens que les révolutions qui eurent lieu il y a soixante, quatre-vingt ou cent ans, chez des peuples latins ou germains dont la mentalité est tout autre.

La population rurale de la Russie, qui comprend le vrai peuple, n'a que faire de la Douma, de toutes ces libertés — dont l'énumération seule est une preuve de l'absence de la vraie liberté, — ainsi que de la substitution d'un gouvernement violent à un autre aussi violent ; il a besoin de s'affranchir de tout le système de violence.

La portée de la révolution qui commence en Russie et qui s'annonce dans le reste du monde, n'est donc point dans les réformes énumérées par les programmes habituels : impôts sur le

revenu ou autres, séparation de l'Église
et de l'État, monopoles nationaux, système électoral, participation du peuple
au pouvoir, institution de la République
la plus démocratique, etc., mais dans la
conquête de la vraie liberté.

Or, cette liberté vraie peut être réalisée
seulement par le refus de se soumettre
à toute autorité, quelle qu'elle soit, et
cela sans recourir aux barricades, assas-
sinats et institutions nouvelles obtenues
par la violence et reposant sur elle.

IV

LA CAUSE PRINCIPALE DE LA RÉVOLUTION
IMMINENTE

La cause principale de la prochaine
révolution comme de toutes celles passées
ou futures a un caractère religieux.

Le mot religion est pris d'ordinaire
soit dans le sens d'une définition mystique du monde invisible, soit pour dési-
gner certains rites d'un culte qui console
et encourage les hommes dans la vie,
soit comme une explication de l'origine

13.

de l'univers, soit comme la réglemen-
tation morale de la vie sanctionnée par
la prescription divine.

Ce n'est pas ainsi que je comprends la
religion : elle est pour moi avant tout
la révélation de la loi supérieure, commune à tous les hommes, leur assurant
dans un temps donné le suprême bonheur.

Déjà antérieurement à la doctrine chrétienne, fut proclamée et exprimée chez
divers peuples une loi religieuse, supérieure et commune à toute l'humanité,
qui peut être formulée ainsi :

L'homme ne doit pas vivre pour son
bonheur individuel, mais pour le bonheur
de tous, c'est-à-dire, rendre service à son
prochain (Bouddha, Isaïe, Confucius, Lao-
Tseu, stoïciens). La loi ayant été proclamée, il était impossible aux hommes qui la
connaissaient de ne pas se rendre compte
de sa justesse et de sa bienfaisance ; mais

l'ordre social fondé sur la violence a pénétré si à fond dans les mœurs et les institutions que, tout en reconnaissant les bienfaits de la loi d'aide mutuelle, les hommes continuaient à vivre sous l'empire de lois répressives qu'ils justifiaient par la nécessité de châtier les méchants. Il leur semblait que sans menaces ni châtiments du mal par le mal, la vie sociale était impossible. Les uns assumaient le devoir de maintenir l'ordre public et de corriger les criminels en faisant appliquer les lois répressives ; ils commandaient, les autres obéissaient. Mais les maîtres se dépravaient par l'omnipotence dont ils jouissaient, et une fois dépravés, au lieu de corriger les mœurs, ils les contaminaient de leur propre souillure ; les administrés à leur tour se dépravaient par leur participation à ces violences, par leur esprit d'imitation et par leur soumission servile.

Il y a dix-neuf cents ans apparut le Christianisme. Avec une nouvelle force, il vint confirmer la puissance de cette loi d'amour et de solidarité, et nous apprendre en plus pourquoi elle n'était pas observée.

Il a montré avec une netteté extraordinaire que la cause de cette inobservance était la fausse notion que l'on se faisait de la légitimité et de la nécessité de la violence comme moyen de coercition. Après avoir démontré sur toutes ses faces l'illégalité et la nocivité du châtiment social, il a prouvé que la principale cause des malheurs de l'humanité résidait dans les violences auxquelles se livrent les hommes les uns sur les autres sous prétexte de vindicte publique; enfin, il a montré que l'unique moyen de faire disparaître la violence était de la subir avec passivité.

« Tu as entendu dire aux anciens : Œil

pour œil, dent pour dent. Moi, je te dis :
Ne résiste pas au méchant ; s'il te frappe
sur la joue droite, tends-lui la joue
gauche ; s'il veut plaider contre toi et te
prendre tes vêtements, donne-lui jusqu'à
ta chemise. Donne à celui qui te tend la
main et ne te détourne pas de celui qui
sollicite ton aide pécuniaire. »

Cette doctrine veut dire que lorsque
celui qui a mission de juger des cas de
violences en commet lui-même, il n'y
aura plus pour elles aucune limite.

Aussi, pour qu'elles disparaissent, il
faut que nul, sous quelque prétexte que ce
soit, n'emploie la force brutale, et surtout
sous le prétexte le plus fréquent, celui
de punir.

Cette doctrine atteste cette vérité
simple et naturelle : on ne saurait supprimer le mal par le mal, et l'unique
moyen de diminuer l'intervention de la
violence est de ne pas s'en servir.

La doctrine chrétienne l'a nettement
formulé et établi. Malheureusement, on
se figurait à tort que châtier était une
condition indispensable à la vie sociale,
et cette croyance était tellement enracinée, le nombre des hommes qui ignoraient cet enseignement ou ne le connaissaient que sous sa forme corrompue
était si grand, que tous ceux qui avaient
accepté la loi du Christ continuaient à
vivre d'après celle de la violence. Les
pasteurs des chrétiens croyaient que l'on
pouvait accepter la doctrine de la solidarité sans la loi de la non-résistance au
mal, qui est pourtant la clef de voûte de
tout l'enseignement sur la conduite des
hommes. Car, admettre la loi de l'aide
mutuelle en méconnaissant le précepte
de la non-résistance, c'était construire la
voûte sans la sceller dans sa partie centrale.

Les chrétiens, en s'imaginant qu'ils

pouvaient organiser leur vie mieux que celle des païens sans accepter le précepte de la non-résistance, continuaient à faire non seulement ce que faisaient ceux-ci, mais pis encore, et s'éloignaient ainsi de plus en plus de la vie chrétienne. Le sens de leur doctrine s'obscurcissait, et ils sont arrivés enfin à leur triste situation actuelle : division des peuples chrétiens en camps ennemis, dépensant toutes leurs forces à s'armer et prêts à chaque instant à s'entre-déchirer. Plus encore : ils ont provoqué la haine des peuples non chrétiens qui se lèvent déjà contre eux. Enfin, et par-dessus tout, ils sont arrivés à la négation complète non seulement du christianisme, mais de toute loi ayant un caractère élevé.

La cause première de la prochaine révolution est donc surtout religieuse. Elle vient de la déformation de la loi suprême de solidarité, par suite de la méconnais-

sance du précepte de la non-résistance
spécifiée par le christianisme, dont l'intention expresse est de rendre cette loi
pratiquement réalisable.

V

LES CONSÉQUENCES DE L'INACCEPTATION
DU PRÉCEPTE DE LA NON-RÉSISTANCE

La doctrine chrétienne n'a pas seulement montré que la vengeance n'est ni
utile ni sensée, parce qu'elle ne fait
qu'accroître le mal; elle a indiqué de plus
la non-résistance au mal par la violence,
comme unique moyen d'atteindre la véritable liberté si naturelle à l'homme.
Elle a montré que, du moment où l'homme
entrait en lutte contre la violence, il
s'aliénait lui-même sa liberté; en effet,

14

en admettant l'emploi par lui de la force
brutale, il admettait par ce fait même la
légitimité de son emploi contre lui-même ;
aussi, pouvait-il être soumis par ceux
contre lesquels il luttait. Lors même qu'il
fût vainqueur, il n'en était pas moins
toujours menacé d'être vaincu à son tour
par un plus fort que lui.

Quiconque s'est proposé pour but l'accomplissement de la loi supérieure commune à toute l'humanité et qui ne saurait
être mise en échec, peut seul être réellement libre. Et l'unique moyen de res-
treindre dans le monde l'emploi de la
violence, est de réaliser la liberté complète en ne résistant pas à n'importe
quels actes de tyrannie.

La doctrine chrétienne a donc proclamé
la loi de la pleine liberté humaine, mais à
la condition absolue de se soumettre à
cette loi dans toute sa signification.

« Et ne craignez point ceux qui ôtent

la vie du corps et qui ne peuvent faire
mourir l'âme, mais craignez plutôt celui
qui peut perdre et l'âme et le corps dans
la géhenne. » (Mathieu, X, 28.)

Ceux qui avaient accepté cette doctrine
dans sa signification vraie et s'étaient
soumis à la loi suprême étaient libres
de toute autre soumission. Ils avaient
souffert avec résignation les violences
des hommes, mais ne leur obéissaient
pas dans les actes contraires à la loi
suprême. Ainsi avaient agi les premiers
chrétiens alors qu'ils étaient peu nombreux parmi les peuples païens. Ils refu-
saient d'obéir aux gouvernements dans
les actes contraires à la loi suprême
qu'ils appelaient la loi de Dieu; ils furent
persécutés, châtiés pour cette résistance,
mais ils n'en continuaient pas moins à
ne pas se soumettre et restaient libres.

Mais dès l'instant où des peuples entiers, qui vivaient sous un régime main-

tenu par la violence, s'étaient reconnus
chrétiens simplement parce qu'ils avaient
reçu le baptème, leur attitude envers les
autorités changea complètement.

Aidés du clergé, les gouvernants sug-
gérèrent à leurs administrés que le
meurtre et les autres violences pouvaient être commis lorsqu'ils servaient
à la juste vindicte et à la défense des
faibles et des opprimés. Puis, en les
obligeant à prêter serment aux autorités,
c'est-à-dire à jurer devant Dieu qu'ils
accompliraient tout ce qu'il leur sera
ordonné, les gouvernements amenèrent
leurs sujets se considérant comme chrétiens, à ne plus croire défendu l'emploi
de la violence, et, naturellement, à admettre aussi celle dont ils étaient victimes.

Il arriva donc qu'au lieu de demeurer libres, comme l'a voulu le Christ, au lieu de
souffrir toute violence, comme cela avait

eu lieu au début, afin d'être, en revanche,
soumis à la seule volonté de Dieu, ils
comprirent leur devoir dans un sens
diamétralement opposé : ils considé-
rèrent comme honteux d'être en butte
aux violences sans essayer de lutter contre elles, et comme leur devoir le plus
sacré d'obéir aux gouvernants. C'est
ainsi qu'ils devinrent des esclaves. For-
més dans ces traditions, ils n'eurent plus
aucune honte de leur esclavage ; au contraire, ils furent fiers de la puissance de
leurs gouvernements, à l'exemple des
esclaves toujours fiers de la grandeur de
leurs maîtres.

En ces derniers temps, cette déformation du Christianisme a donné lieu à une
nouvelle supercherie qui a mieux en-
foncé nos peuples dans leur servilité. A
l'aide d'un système complexe d'élections
parlementaires, il leur fut suggéré qu'en
élisant leurs représentants directement,

14.

ils participaient au gouvernement, et
qu'en lui obéissant, ils obéissaient à leur
propre volonté, et étaient libres. Cependant cette supercherie devait être évidente tant en théorie qu'en pratique,
car même sous le régime le plus démocratique et sous le règne du suffrage
universel, le peuple ne peut exprimer sa
volonté. Il ne le peut : 1° parce qu'une
pareille volonté collective d'une nation
de plusieurs millions d'habitants n'existe
pas et ne peut exister; 2° parce que, lors
même où elle existerait, la majorité des
voix ne serait point son expression. Sans
insister sur ce fait que les élus légifèrent
et administrent, non pas pour le bien
général, mais pour se maintenir au pouvoir ; sans appuyer également sur le fait
de la dépravation du peuple due à la
pression et à la corruption électorale, ce
mensonge est particulièrement nuisible
en raison de l'esclavage présomptueux

dans lequel tombent ceux qui s'y soumettent. En s'imaginant qu'ils obéissent
à leur propre volonté tout en obéissant à
celle du gouvernement, ils n'osent plus
transgresser les règlements établis par
l'autorité, lors même qu'ils seraient contraires à leur goût, intérêts, désirs, et
surtout à la loi supérieure de leur conscience. Or, les actes et les prescriptions
du gouvernement de ce peuple soi-disant
libre, soumis aux hasards des luttes de
partis, d'intrigues, de vanité et de vénalité, dépendent aussi peu de la volonté
populaire que les actes et les prescriptions du gouvernement le plus despotique.

Ces hommes libres rappellent les pri-
sonniers qui s'imaginent jouir de la liberté, lorsqu'ils ont le droit d'élire ceux
parmi leurs geôliers qui sont chargés de
la police intérieure de la prison.

Un membre d'un État le plus despo-

tique peut être entièrement libre, bien
qu'il puisse souffrir les plus cruelles violences de la part du gouvernement qu'il
n'avait pas établi. Par contre, un membre
d'un État constitutionnel est toujours
esclave, car en s'imaginant participer au
pouvoir, il reconnaît la légalité de toutes
les violences commises sur lui, se soumet
à toute prescription de l'autorité, au point
qu'il perd toute notion de ce qu'est la
véritable liberté. Croyant se libérer, il
devient de plus en plus l'esclave de son
gouvernement.

Rien ne montre plus clairement l'asservissement progressif des peuples
comme l'extension et le succès des théo-
ries collectivistes, qui ne tendent à rien
moins qu'à l'annihilation complète de l'individu.

Bien que les Russes soient sous ce
rapport dans des conditions plus favo-
rables, puisque jusqu'à aujourd'hui ils

n'ont pas participé au pouvoir et que,
par suite, il ne les a pas encore corrompus, eux aussi ont été soumis au mensonge de la glorification du pouvoir, du
prestige et de la grandeur de la patrie,
de la fidélité au serment, et ils considèrent également comme un devoir d'obéir
aveuglément à leur gouvernement.

Mais voici que des hommes peu sensés
de la société russe essayent d'amener
leur peuple au même état d'esclavage
constitutionnel que les autres peuples
européens.

En somme, l'inadmission du précepte
de la non-résistance a eu pour conséquence non seulement l'armement à outrance et la guerre, mais encore l'aliéna-
tion graduelle de la liberté de ceux qui
professent la loi mutilée du Christ.

VI

La déformation de la doctrine du Christ et l'oubli du précepte de la non-résistance ont amené les peuples à se vouer une haine mutuelle, cause de tous leurs maux, de leur esclavage en particulier.

Cet esclavage finit par peser aux chrétiens; et c'est là la cause fondamentale de la révolution qui se produit.

Quant aux causes plus immédiates qui

ont fait éclater la révolution précisément
à ce moment, ce sont d'abord la folie du
militarisme qui envahit tous les peuples
chrétiens, et qui s'est révélée avec une
grande intensité pendant la guerre russo-
japonaise ; puis, l'accroissement de la
misère et du mécontentement de la masse
ouvrière, et cela parce que l'on a spolié
le peuple de son droit naturel à jouir de
la terre.

Ces deux causes sont communes à tous
les peuples ; mais, par suite de conditions
historiques particulières, elles agissent
plus vivement dans le peuple russe et
précisément de nos jours.

Le peuple russe s'est rendu compte de
sa situation précaire, non seulement à la
suite de la guerre stupide et monstrueuse
où son gouvernement l'a entraîné, mais
encore parce qu'il a toujours observé vis-
à-vis du pouvoir une attitude tout autre
que celle des autres peuples européens.

Il n'est jamais entré en lutte contre le
pouvoir, il n'y a surtout jamais participé,
et par conséquent n'a pu en être souillé.
Il l'a considéré comme un mal qu'il faut
éviter, et non comme un bien, ainsi que
l'envisagent la plupart des peuples européens et, malheureusement, quelques
Russes corrompus. Aussi, la majorité des
Russes a-t-elle toujours préféré supporter
les actes de violence plutôt que d'avoir
la responsabilité morale de sa participation aux violences. Elle s'est donc toujours soumise et continue à se soumettre
aux autorités, non parce qu'elle est im-
puissante à les renverser, mais parce
qu'elle préfère la soumission à la lutte
et à la participation à la violence que
voudraient lui imposer les révolutionnaires. De là l'institution et le maintien
en Russie d'un gouvernement d'oppression du faible par le fort, autrement dit,
du résigné par le combatif.

La légende relative à l'appel fait aux
Variagues par les Russes pour venir les
gouverner, composée évidemment déjà
après la conquête des Slaves par les Variagues, montre parfaitement quelle était
l'attitude des Russes envers le pouvoir,
même avant le christianisme : « Nous ne
voulons pas prendre part nous-mêmes au
péché de gouverner. Si vous ne le consi-
dérez pas comme un péché, venez et
gouvernez ». Cette psychologie des
Russes explique leur docilité à l'égard
des autocrates les plus cruels, voire les
plus fous, depuis Ivan le Terrible jusqu'à
Nicolas II.

C'est ainsi que le peuple russe envisa-
geait le pouvoir dans l'ancien temps, et
c'est ainsi que pour la plupart il l'envisage encore aujourd'hui. Certes, les
mêmes suggestions trompeuses, grâce
auxquelles dans les autres pays on a
amené les chrétiens à subir les actes an-

tichrétiens de l'autorité, ont été exercées
également sur le peuple russe; mais
seules les couches supérieures et dépra-
vées de la société en furent atteintes,
alors que la majorité de la nation con-
serva de l'autorité son ancienne idée :
il est préférable de souffrir l'oppression
que d'opprimer ses semblables.

La raison de cette attitude réside, à
mon sens, dans le fait que le véritable
christianisme, en tant que doctrine de
fraternité, d'égalité, de douceur et
d'amour, doctrine qui distingue nettement entre la *soumission forcée* et
l'obéissance volontaire à la violence, s'est
mieux conservée dans le peuple russe
que dans tous les autres. Le vrai chrétien
peut se soumettre, il lui est même impossible de ne pas se soumettre à toute violence sans lutte; mais il ne saurait y
obéir, c'est-à-dire en reconnaître la légitimité. Malgré tous les efforts des gouver-

nements en général et du gouvernement
russe en particulier, pour substituer à
cette attitude vraiment chrétienne envers
l'autorité, la doctrine de la religion officielle, l'esprit chrétien, qui distingue
entre la *soumission* et l'*obéissance* au pouvoir, continue à se faire sentir dans la
majeure partie de la masse populaire
russe.

Cette contradiction entre la pression
gouvernementale et le christianisme était
particulièrement comprise par ceux qui
n'appartenaient pas à la doctrine faussée
de l'orthodoxie, par ceux qu'on appelait
les sectateurs. Ces derniers n'ont jamais
reconnu la légitimité du pouvoir tsariste.
Si, par crainte, ils se soumettaient en
majeure partie aux exigences du gouvernement selon eux illégitime, d'autres,
moins nombreux, esquivaient ces exigences ou les fuyaient. Lorsque fut institué le service obligatoire pour tous,

l'État semblant jeter un défi aux vrais
chrétiens en leur demandant d'être prêts
à tuer, un grand nombre de Russes
orthodoxes commencèrent à se rendre
compte du désaccord qui existait entre
la doctrine chrétienne et le pouvoir.
Quant aux chrétiens de toutes les autres
confessions, il y en eut qui refusèrent
tout simplement de servir; et bien que
ces refus n'aient pas été très nombreux
(à peine un conscrit sur mille), leur portée fut très grande en raison des châtiments cruels dont ils furent l'objet et
qui dessillaient les yeux non seulement
aux sectateurs, mais à la généralité des
Russes. Tous s'aperçurent que cet impôt
du sang, réclamé par le gouvernement,
était antichrétien, et la plupart s'en rendi-
rent compte qui jusqu'alors n'avaient pas
songé à cette contradiction entre la loi
de Dieu et les lois des hommes. Dès lors,
le travail latent de libération de la con-

science chez la majeure partie du peuple
russe commençait à se faire.

Le peuple se trouvait dans cet état d'esprit quand éclata la guerre japonaise, si
cruelle et si peu justifiée. Grâce à l'extension de l'instruction, au mécontentement général, et surtout à la nécessité
de faire transporter pour la première fois
des centaines de mille de réservistes de
tous les coins de la Russie, — pères de
famille arrachés à leur gagne-pain, —
pour participer à une œuvre follement
sanguinaire, cette guerre détermina le
choc qui fit apparaître le travail intérieur
et invisible sous la forme palpable de la
conscience très nette de l'ignominie gouvernementale.

Cet état d'âme se révèle aujourd'hui
sous des formes aussi variées que signi-
ficatives : refus des réservistes de re-
joindre leur corps, désertions, refus de
tirer sur leurs frères, grévistes ou révol-

tés ; enfin et principalement, refus crois-
sant de la conscription.

Telles sont les diverses formes que
prend l'insoumission au gouvernement,
celle qui est consciente de son illégitimité.
Quant à l'insoumission inconsciente, elle
se manifeste aujourd'hui par les actes des
révolutionnaires et de leurs ennemis :
mutinerie des marins dans la mer Noire
et à Cronstadt ; rébellion des militaires à
Kiev et dans d'autres villes ; *pogromes*
agraires et antisémites ; émeutes des
paysans, etc.

Le prestige du pouvoir ayant disparu,
une grave question se pose devant les
Russes de notre époque : doit-on, malgré la loi divine, autrement dit malgré
la conscience, se soumettre au gouvernement qui exige des actes contraires à
la foi chrétienne ?

L'effet de la naissance de cette question chez le peuple russe est l'une des

causes de la grande révolution universelle qui se prépare, qui peut-être commence déjà.

VII

DEUXIÈME CAUSE EXTÉRIEURE
DE LA RÉVOLUTION IMMINENTE

La deuxième cause extérieure de la
révolution est l'impossibilité où se trouve
la population agricole de jouir de son
droit naturel et légitime de travailler la
terre ; elle est d'ailleurs la cause de l'accroissement des maux dans la masse
populaire et de l'irritation de celle-ci
contre les classes qui l'exploitent. Cette
cause se manifeste particulièrement en
Russie, car là seulement la majeure par-

tie de la population vit des travaux des
champs ; de même c'est aujourd'hui seulement que les Russes, en raison de l'accroissement de la population et de l'insuffisance des terres, se voient forcés ou
d'abandonner la vie rurale qu'ils ont
menée jusqu'ici et qui seule rend possible
la réalisation d'une société chrétienne,
ou de cesser d'obéir au gouvernement
qui assure aux propriétaires fonciers la
possession de la terre arrachée aux travailleurs.

● On croit généralement que l'esclavage
le plus cruel est la dépendance de la personne, quand un homme peut faire d'un
autre ce qu'il veut : molester, mutiler,
tuer ; tandis que la privation du droit à
la terre est simplement considérée comme
un fait économique peu grave.

Cette idée est complètement fausse.

Le traitement qu'avait fait subir Joseph
aux Egyptiens, les conquérants aux peu-

ples conquis, les hommes d'aujourd'hui
les font subir également à leurs semblables en les privant de la jouissance de la
terre.

Et c'est là précisément le plus cruel
des esclavages.

En effet, l'esclave d'un maître est
l'esclave d'un seul ; mais l'homme privé
du droit à la terre est l'esclave de tout
le monde.

Là n'est pas encore le mal le plus
grand dont souffre l'esclave rural. Si
cruel que puisse être un maître envers
son esclave, il ne le force pas, par intérêt, à travailler sans trêve ; il ne le fait pas
mourir de faim, car il ne tient pas à le
perdre. Par contre, l'esclave privé de
terres doit toujours s'exténuer au travail,
souffrir la plus dure misère, ne pas
manger à sa faim ; sa vie n'est pas
assurée ; il dépend à chaque instant de
l'arbitraire des méchants et des cupides.

Mais ce n'est pas encore ce qui le fait le
plus souffrir; le pire est son impossibilité
de vivre une vie morale. Ne vivant pas
du travail de la terre, ne luttant pas
contre la nature, il doit inévitablement
lutter contre les hommes, prendre par la
force et par la ruse ce que d'autres ont
acquis par le travail agricole de leurs
semblables.

Ceux mêmes qui reconnaissent que la
dépossession de la terre est un esclavage,
se trompent en croyant que ce n'est
qu'un vestige des anciens temps; il est
la base même sur laquelle repose tout
esclavage incomparablement plus dou-
loureux que la dépendance personnelle.
De fait, celle-ci n'est qu'une des conséquences de l'abus de l'esclavage rural.
Aussi, l'affranchissement de la dépendance personnelle sans l'affranchissement
de la dépendance terrienne fait simplement cesser l'un des abus, et, dans la

plupart des cas, est un mensonge qui
cache momentanément aux esclaves leur
situation, comme cela eut lieu notamment en Russie lors de l'affranchissement des serfs insuffisamment pourvus
de terres.

Les paysans s'en étaient bien rendu
compte au temps du servage puisqu'ils
disaient : « Nous sommes vôtres, mais
la terre est nôtre ». Et depuis l'affranchissement de leurs personnes, ils ne
cessent de réclamer l'affranchissement
de la terre. En les affranchissant on a
satisfait les serfs pour un certain temps
avec un peu de terre ; mais avec l'accroissement de la population, la question
agraire s'est posée à nouveau dans toute
sa force.

Pendant que les paysans étaient serfs,
ils jouissaient d'une étendue de terres
suffisante pour assurer leur existence ;
lorsque la population augmentait, le gou-

vernement et les seigneurs prenaient des
mesures pour leur donner de nouvelles
terres, et les travailleurs ne s'aperce-
vaient pas de l'injustice de l'accaparement du sol. Mais dès qu'ils furent affranchis, le gouvernement et les seigneurs
n'eurent plus à se soucier de leur situation économique. La quantité de terres
qu'ils pouvaient posséder fut une fois
pour toute établie sans espoir d'agrandissement. C'est alors qu'en devenant plus
dense, la population trouva de moins en
moins la possibilité de vivre. Elle attendit
que le gouvernement rapporte les lois
qui l'avaient spoliée de la terre. Elle attendit ainsi dix ans, vingt ans, quarante
ans; les terres étaient accaparées de plus
en plus par les propriétaires fonciers, alors
que les travailleurs des champs ne pouvaient que choisir entre ces deux alternatives : mourir de faim et ne pas avoir
d'enfants, ou abandonner complètement

16

la vie des champs et aller remplir les
usines.

Cinquante ans ont passé; la situation
de la masse rurale est devenue telle que
son antique organisation, considérée par
elle comme nécessaire à la vie chrétienne,
commence à se désagréger. Quant au
gouvernement, non seulement il dis-
tribue la terre à ses serviteurs au lieu
de la donner au peuple, mais il lui dit
d'abandonner tout espoir de la posséder
jamais, et organise suivant le modèle
européen une vie industrielle que le
peuple russe considère comme perni-
cieuse et immorale.

Donc la dépossession du droit légitime sur la terre est la principale cause
de la malheureuse situation des Russes.
C'est également la cause principale du
mécontentement et des maux dont souffrent les masses ouvrières de l'Europe et
de l'Amérique. La différence entre celles-

ci et ceux-là se trouve dans le fait que la
monopolisation de la terre chez les peuples européens s'est effectuée depuis si
longtemps, d'autres faits historiques ont
tellement obscurci cette injustice primitive, qu'ils ne voient plus la véritable
cause de leur situation précaire. Ils la
cherchent tantôt dans l'absence de débou-
chés, tantôt dans une mauvaise réparti-
tion de l'impôt, dans tout, sauf dans la
spoliation des terres.

Les Russes aperçoivent plus nettement
cette iniquité première parce qu'elle n'est
pas encore totalement accomplie chez
eux. Vivant pour la plupart de la terre,
ils voient clair et résistent.

La dépossession de leur droit à la terre,
les armements stupides et funestes, enfin
la guerre, telles sont, à mon avis, les raisons qui poussent tout le monde chrétien
à la révolution. Et cette révolution commence précisément en Russie, parce que

nulle part ailleurs ne s'est maintenue
aussi vive et aussi nette la conception
chrétienne; et nulle part la population
ne forme proportionnellement une masse
aussi grande de cultivateurs.

VIII

QU'ARRIVERA-T-IL AUX HOMMES
QUI REFUSERONT D'OBÉIR ?

Grâce à ses tendances morales et à
l'évolution propre de sa vie sociale, le
peuple russe a été amené, avant les
autres peuples chrétiens, à la conscience
de sa malheureuse situation résultant de
sa soumission volontaire à la tyrannie
des autorités. C'est cette conscience et
le désir de se libérer de cette tyrannie, qui, à mon sens, font éclater la
révolution, qui est imminente non seu-

6.

lement en Russie, mais chez toutes les
nations du monde chrétien.

Les hommes qui vivent dans un État
où la contrainte est la loi immuable
croient que son abolition doit inévitablement conduire aux pires catastrophes.

On affirme que la somme de sûreté et
de bien-être dont nous jouissons est due
au bon ordre assuré par l'autorité; en
réalité, cette assertion est purement gra-
tuite. En effet, nous savons quelles sont
nos souffrances et nos joies, si toutefois
on peut admettre l'existence de celles-ci
dans l'organisation sociale présente;
mais nous ignorons quelle serait notre
vie si l'État était supprimé. A en juger
par l'existence de petites communautés,
qui, accidentellement, ont vécu et vivent
en marge des grands Etats, et qui jouissent de tous les bienfaits d'une organisation sociale, tout en étant libérées de la
contrainte étatiste, on est bien obligé

d'admettre que leurs membres ne souffrent pas le centième des maux que supportent les sujets des grands Etats.

N'oublions pas que ce sont principalement les classes dirigeantes qui béné-
ficient du régime actuel, et qui affirment
l'impossibilité de s'en passer. Mais, in-
terrogez donc ceux qui supportent le
poids de ce régime, les ouvriers des
champs, les cent millions de paysans
russes, et vous apprendrez que, loin d'y
trouver leur sécurité, ils le considèrent
comme complètement inutile pour eux.

Maintes fois, dans nombre de mes
écrits, j'ai essayé de démontrer que les
hommes avaient tort de craindre de voir
les mauvais opprimer les bons, si l'autorité était abolie; j'ai démontré qu'on
n'avait pas à prévoir ce danger dans
l'avenir, mais à le redouter dans le présent, puisque partout la puissance est
aux mains des pires. Au reste, il n'en

saurait être autrement, car seuls les plus
mauvais peuvent employer toutes les
ruses, fourberies et cruautés qui sont
nécessaires pour exercer le pouvoir.

Bien des fois j'ai cherché à montrer
que les principaux maux dont nous souf-
frons : richesses de quelques privilégiés et
misères de tous les autres, accaparement
de la terre par ceux qui ne la travaillent
pas, armements et guerres continuels,
dissolution des mœurs, proviennent
exclusivement de notre reconnaissance
de la légitimité de la tyrannie gouvernementale.

J'ai cherché à montrer que, avant de
nous demander si notre vie sera meilleure ou pire en absence de toute autorité, il était nécessaire de rechercher la
valeur des gouvernants. S'ils sont au-
dessus de la moyenne, le gouvernement
sera bienfaisant; s'ils sont au-dessous,
malfaisant. Pour se convaincre qu'ils

sont généralement au-dessous de la moyenne, il n'y a qu'à lire l'histoire. Nous y voyons défiler des Ivan IV le Terrible, des Henri VIII, des Marat, des Napoléon, des Metternich, des Talleyrand, des Araktcheïev, des Nicolas.

Toute société possède des hommes ambitieux, sans conscience, violents, prêts à servir leurs intérêts par tous les moyens brutaux, y compris l'assassinat. Dans une société sans gouvernement, ils deviendraient de simples brigands qui seraient tenus en respect par la défense des assaillis et surtout par la force de l'opinion publique, moyen d'action le plus puissant sur les hommes. Tandis que dans une société dirigée par l'autorité des violents, ces mêmes brigands s'empareront du pouvoir, en jouiront, et non seulement ne seront pas tenus en respect par l'opinion publique, mais seront encouragés et glorifiés par elle, grâce à la courtisanerie et à la vénalité de ceux qui la forment.

On dit et on répète : Il est impossible de vivre sans gouvernement, c'est-à-dire sans violence. On doit dire au contraire : Il est impossible que les hommes, êtres doués de raison, règlent leurs rapports sociaux en employant la violence plutôt que les moyens de conciliation.

De deux choses l'une : les hommes sont ou ne sont pas pourvus de raison ; s'ils en sont dépourvus, tout doit se résoudre par la violence, et il n'y a aucun motif à ce que les uns aient le droit d'employer la violence alors que d'autres ne l'auront pas. Si les hommes sont au contraire doués de raison, leurs rapports ne seront pas fondés sur la violence, mais sur la raison.

Il semblerait que cet argument doit être péremptoire pour tous ceux qui se reconnaissent pour des être raisonnables. Les défenseurs du pouvoir gouvernemental ne s'occupent pas de la nature, des facultés intellectuelles de l'homme ; ils ont toujours en vue certaines agglomérations humaines auxquelles ils attribuent une sorte de signification mystique, surnaturelle.

Que deviendraient la Russie, la France, l'Angleterre, l'Allemagne, si leurs nationaux cessaient d'obéir à leurs gouvernements ? se demandent les étatistes.

◆ Que deviendrait la Russie ? Mais qu'est donc la Russie ? Où est son commencement, où est sa fin ? Est-ce la Pologne ? Les Provinces Baltiques ? Le Caucase et toutes ses pleuplades ? Les Tatares de Kazan ? L'Asie Centrale ? Le Bassin de l'Amour ? Toutes ces régions, loin d'aspirer à être russes, sont habitées par une population ne désirant qu'une chose : se séparer de ce rassemblement de races qu'on appelle la Russie. Le fait qu'elles font partie de la Russie constitue un phénomène passager, purement accidentel, qui est le résultat d'une série d'événements historiques où la force, l'iniquité et la cruauté ont joué le principal rôle. De nos jours cette union n'est maintenue que par la contrainte gouvernementale.

La génération qui vit encore se souvient que Nice était Italie, et voici qu'elle est France. L'Alsace était France, la voici Allemagne. Les provinces maritimes d'Extrême-Orient étaient Chine, les voilà Russie ; Sakhaline était Russie, elle est Japon. La puissance de l'Autriche s'étend aujourd'hui sur la Hongrie, la Bohême, la Galicie ; celle de l'Angleterre sur l'Irlande, le Canada, l'Australie, l'Egypte et beaucoup d'autres pays ; celle de la Russie, sur la Pologne, la Géorgie, etc. Mais demain tout cela peut disparaître, car l'unique force qui lie toutes ces puissances : Russie, Autriche, Angleterre, France, est le pouvoir politique.

Or, le pouvoir est une institution créée par des hommes qui, au mépris de leur raison et de la loi de liberté révélée par le Christ, obéissent à d'autres hommes exigeant d'eux des actes de violence. Ils n'ont qu'à prendre conscience de la liberté propre à des êtres raisonnés et à cesser d'accomplir des actes contraires à leur conscience, et aussitôt n'existeront plus ces puissances artificielles qu'on appelle Russie, Angleterre, Allemagne, France, entités au nom desquelles les hommes sacrifient non seulement leur vie, mais leur liberté de créatures raisonnées.

Il leur suffirait de comprendre que l'unité d'une Russie, d'une France, d'une Angleterre, des États-Unis n'existe que dans leur imagination et de cesser d'obéir aux autorités, pour que ces horribles fétiches, qui les ruinent moralement et matériellement, disparaissent aussitôt d'eux-mêmes.

17

Il est admis que la formation des grands Etats par l'agrégation des petits, autrefois constamment en guerre entre eux, a diminué l'intensité de cette lutte et l'effusion du sang, grâce à l'accroissement de l'étendue des grandes puissances.

Mais cette affirmation est toute arbitraire, car nul n'a calculé la quantité de mal que donne l'organisation des grands et des petits Etats. Il est difficile de croire que les guerres du temps des principautés russes, ou en France entre la Bourgogne, la Flandre et la Normandie, ont fait autant de victimes que les guerres de Napoléon, d'Alexandre et la récente guerre russo-japonaise.

La seule justification que l'on peut avancer en faveur de l'agrandissement des Etats est la formation d'un empire universel qui abolirait la possibilité de toute guerre. Or, toutes les tentatives faites en ce sens, depuis Alexandre de Macédoine,

en passant par l'Empire Romain, et jusqu'à Napoléon, n'ont jamais donné la
paix aux peuples, mais au contraire leur
ont toujours causé les plus grands maux.

La pacification des hommes ne saurait donc être atteinte par l'accroissement
de la puissance des Etats. Elle ne le peut
que par une action contraire : abolition de
l'Etat et de son gouvernement fondé sur
la violence.

Il existait bien d'autres superstitions
cruelles : sorciers brûlés sur des bûchers,
luttes religieuses, tortures, et pourtant
les hommes s'en sont affranchi. Mais la
superstition étatiste continue à régner
sur eux comme une chose sacro-sainte,
et des sacrifices plus funestes et plus
horribles encore continuent à lui être
apportés. On continue à persuader à des
hommes de pays, de mœurs, d'intérêts
différents, qu'ils forment un seul tout
parce que la même violence est exercée

sur eux tous; il y croient et sont fiers
d'appartenir à cette grande unité.

Cette superstition se perpétue depuis
si longtemps, est maintenue avec tant
d'acharnement, que tous, aussi bien ceux
qui en profitent — rois, ministres, généraux, fonctionnaires — que ceux qui en
souffrent, sont convaincus que le maintien et l'accroissement de ces agglomérations artificielles assurent leur bonheur;
et ils sont tellement accoutumés à cette
superstition qu'ils sont fiers de leur sujétion à la Russie, à la France, à l'Allemagne, bien qu'ils n'y trouvent que le
malheur.

C'est pourquoi le jour où disparaîtront
les groupements artificiels en grands
États, par suite du refus pacifique d'obéir,
la violence, cause des plus grands maux,
diminuera, et les hommes pourront alors
plus facilement vivre selon la loi supérieure de l'aide mutuelle, qui leur a été

révélée depuis deux mille cinq cents ans
et qui s'insinue progressivement dans
leur conscience.

Quant au peuple Russe, — citadin ou
rural, — il ne doit pas, surtout en cet instant décisif de son histoire, chercher à
imiter les autres peuples, leur emprunter
leurs idées et institutions : partis politiques, constitutions, délégations, etc.; il
doit penser par lui-même, vivre sa propre vie, puiser dans son passé à lui et
dans les principes légués par ce passé
afin d'établir suivant eux les nouvelles
formes de la vie.

IX

L'ACTIVITÉ QUI CONCOURRA LE MIEUX
A LA RÉVOLUTION IMMINENTE

La révolution qui s'opère a pour but
la délivrance du mensonge affirmant la
nécessité de la soumission à la puissance
publique. La portée de cette révolution
étant tout autre que celle des précédentes
qui bouleversèrent jusqu'ici le monde
chrétien, l'activité des hommes qui participent à la révolution actuelle doit être
également tout autre que l'activité de
ceux qui ont contribué aux précédentes.

Ceux-ci avaient pour but de s'emparer du pouvoir et de le conserver par des moyens violents. Ceux-là ne doivent et ne peuvent songer qu'à faire cesser l'obéissance à n'importe quelle autorité fondée sur la violence, et qu'à organiser leur vie en dehors de toute autorité.

Outre que l'activité des artisans de la révolution actuelle se distingue de celle des anciens révolutionnaires, le lieu où ils agissent, leur nombre et l'esprit de leurs chefs sont tout différents.

Les révolutionnaires d'autrefois comprenaient principalement les intellectuels affranchis de tout travail manuel, et les ouvriers des villes qui se laissaient diriger par eux ; tandis que les révolutionnaires d'aujourd'hui doivent être et seront principalement les masses rurales.

C'était les villes qui autrefois étaient les foyers des révolutions ; aujourd'hui ce doivent être surtout les campagnes. Jadis la proportion des révolutionnaires n'était que la dixième ou la vingtième partie de la population; de nos jours, le nombre de ceux qui participeront à la révolution russe doit être de 80 à 90 pour 100.

C'est pourquoi l'activité des citadins, qui en Russie imitent actuellement l'Europe, en créant des syndicats, en fomentant des grèves, des manifestations et des émeutes, en inventant de nouveaux systèmes de gouvernement, — sans parler de ces malheureux insensés qui tuent en croyant servir la révolution, — cette activité est non seulement inutile à la révolution, mais entrave sa marche, la pousse sur la fausse voie souhaitée par le gouvernement, et devient ainsi le plus précieux auxiliaire de ce dernier.

Le danger qui menace aujourd'hui le peuple russe n'est pas dans l'impossibilité de renverser le gouvernement tyrannique actuel et de le remplacer par un autre,

démocratique ou même socialiste, mais
aussi brutal, le danger est dans le fait
que cette lutte contre le gouvernement
fera naître de nouvelles violences. Le
peuple russe qui est appelé, par sa situation particulière, à indiquer la voie pacifique et sûre qui conduit à l'affranchissement, sera poussé par des hommes
ne comprenant pas toute la portée de la
révolution qui s'opère, à imiter servilement les révolutions passées, et, au lieu
de suivre la voie salutaire qui est devant
lui, à s'engager sur la voie fausse qu'ont
pris déjà pour leur plus grand malheur
les autres peuples du monde chrétien ;
là est le vrai péril.

Pour éviter ce danger, les Russes
doivent avant tout rester eux-mêmes, ne
pas s'occuper de ce qui se passe dans les
autres pays constitutionnels de l'Europe
et de l'Amérique, mais prendre conseil
de leur propre conscience. Pour accomplir

la grande œuvre qui se pose devant eux,
ils n'ont pas à se préoccuper de l'organisation politique de la Russie, ni à réclamer
la garantie de la liberté civique ; ils doivent chercher surtout à se défaire de l'idée
affirmant la nécessité de l'existence de
l'Etat russe, et par suite songer moins à
leurs droits de citoyens de cet Etat.

A cette fin, les Russes doivent s'abstenir actuellement de toute action, aussi
bien de celle que veut leur faire commettre le gouvernement que de celle que
voudraient lui imposer les révolutionnaires et les libéraux.

Le peuple russe, en grande partie
composé de paysans, doit continuer à
vivre comme il a toujours vécu, c'est-à-
dire au milieu de ses occupations des
champs, de son organisation communiste,
et supporter sans lutte toute violence,
qu'elle vienne ou non du gouvernement.
Il ne doit pas obéir à ce gouvernement

qui lui ordonne de participer à la violence;
et partant, refuser l'impôt, le service
dans la police, dans l'administration, **dans
les douanes, l'armée, la flotte et dans
toute autre institution qui repose sur la**
force.

De même, et avec plus de rigueur
encore, les paysans doivent s'abstenir des
actes brutaux auxquels les incitent les
révolutionnaires. Toute violence commise par les paysans sur les propriétaires
fonciers provoquerait des représailles, **et**
cette lutte finirait dans tous les cas **par**
l'établissement d'un gouvernement tyrannique, quelle que soit la forme qu'il
prenne. C'est ce qui arrive d'ailleurs dans
les pays les plus libres de l'Europe **et de**
l'Amérique, où sont déclarées des guerres
insensées et cruelles, et où la terre n'en
continue pas moins à être propriété **des**
riches.

Seule la non-participation à tout acte

brutal peut supprimer les violences dont
souffrent les hommes, faire cesser la
progression indéfinie des armements, les
guerres, et abolir entièrement la propriété foncière.

Ainsi doivent agir les paysans afin que
la révolution actuelle leur apporte d'heureux résultats.

Quant aux habitants des villes, —
marchands, médecins, écrivains, savants,
ingénieurs, — ils doivent se rendre
compte tout d'abord de leur insignifiance,
ne serait-ce qu'au point de vue du nombre : 1 p. 100 de la population rurale;
ils devraient comprendre que le but de
la transformation qui s'effectue ne peut
pas et ne doit pas être l'établissement
d'un nouveau régime politique, si libéral
que soit le mode de représentation populaire et si perfectionnées que puissent
être les institutions, du moment qu'il
repose sur la violence; ce but peut et doit

être l'affranchissement du peuple dans son
ensemble, particulièrement de ses cent
millions de paysans, de toutes sortes de
violences : conscriptions, impôts, droits
de douane, accaparement de la terre. Ils
devraient comprendre également que la
réalisation de ce but demande une tout
autre conduite que l'activité fiévreuse,
déraisonnable et mauvaise à laquelle se
livrent aujourd'hui les libéraux et les
révolutionnaires russes.

Il est temps de savoir qu'une révolution
ne se fait pas sur commande : « Venez,
faisons la révolution ! » On ne peut la
faire sur un mode établi, en imitant ce
qui s'est fait il y a cent ans dans des
conditions entièrement différentes. On
doit surtout comprendre qu'elle n'amé-
liore la condition des hommes qu'au cas
où ayant reconnu la vétusté et le danger
des anciennes bases de la vie, les hommes
cherchent à organiser celle-ci sur un

18

fondement nouveau pouvant leur donner le vrai bonheur, autrement dit, lorsqu'ils possèdent un idéal d'une vie nouvelle, meilleure.

Or, ceux qui s'étaient donné pour but de transformer le régime politique de la Russie suivant le modèle des révolutions européennes n'ont aucun nouvel idéal, aucun nouveau principe. Ils cherchent simplement à substituer aux anciennes formes de violences une autre organisation, ayant pour base également la violence, qui leur apportera les mêmes maux dont ils souffrent aujourd'hui.

L'exemple de l'Europe et de l'Amérique, où règnent le même militarisme, les mêmes impôts et la même monopolisation de la terre, est sous ce rapport suffisamment édifiant.

Le fait que la majorité des révolutionnaires pose comme idéal le système socialiste, ne pouvant être réalisé que par la

tyrannie la plus absolue, montre simplement chez eux l'absence de tout nouvel
idéal ; car si un jour on réalisait leurs
désiderata, les hommes perdraient jusqu'aux derniers vestiges de la liberté.

En effet, l'idéal de notre temps ne
saurait être la simple modification des
formes de la violence, mais leur complète
disparition, qui sera atteinte par l'insoumission à la puissance publique.

Pour se libérer de tous les maux dont
ils souffrent les ouvriers doivent cesser
d'obéir aux autorités, mais ne pas leur
résister par des moyens violents. Et c'est
précisément la résignation devant la force
brutale, l'insoumission passive au pouvoir
qui est la loi primordiale de la doctrine
professée par les nations chrétiennes. Un
chrétien sincère ne saurait obéir aux
maîtres du jour ; autrement, il se rend
nécessairement complice de l'activité gouvernementale qui repose entièrement sur

la violence, est assurée par la violence :
service militaire, guerres, prisons, exécutions, accaparement des terres. D'où il
s'ensuit que le bien matériel autant que
le bien spirituel sont atteints par ce seul
moyen : supporter toute contrainte sans
lutter contre elle, mais aussi sans y participer ; autrement dit, *ne pas se soumettre au pouvoir*.

Si donc les hommes des villes veulent
réellement aider à la grande révolution
qui s'effectue, ils doivent avant tout
abandonner les moyens d'action révolutionnaire, si cruelle et si antinaturelle,
qu'ils emploient maintenant, et, vivant
à la campagne, partageant le labeur du
peuple, lui empruntant sa patience, son
impassibilité, son mépris du pouvoir et
surtout son amour du travail, ne pas
chercher à inciter les hommes à la violence, mais au contraire les empêcher
de participer à tous actes de brutalité,

d'obéir à tout gouvernement tyrannique,
et les servir au besoin de leur science
pour leur expliquer les problèmes qui se
poseront inévitablement lors de l'abolition de l'État.

X

ORGANISATION DE LA SOCIÉTÉ
AFFRANCHIE DE LA TUTELLE DU GOUVERNEMENT
TYRANNIQUE

Quelle forme pourra prendre la vie sociale du monde chrétien lorsque les hommes n'obéiront plus à un gouvernement et ne feront plus partie d'un État?

On peut voir la réponse à cette question dans l'histoire et la psychologie du peuple russe qui me font croire que la révolution imminente doit débuter et se réaliser en Russie précisément.

L'absence d'un gouvernement n'a

jamais empêché dans ce pays les communautés agricoles de s'organiser. Par contre, l'intervention de l'autorité publique
s'est toujours trouvée être un obstacle à
l'organisation propre à la mentalité russe.

Comme la plupart des peuples agricoles, les Russes se groupent, tels les
abeilles en ruches, suivant certains rapports sociaux qui répondent entièrement
aux exigences de la vie commune. Partout où les Russes se sont installés en
dehors de l'intervention gouvernementale,
leurs rapports furent empreints de concorde, la terre devenait propriété commune, l'administration — communiste ; et
cette vie sociale satisfaisait leurs aspirations paisibles.

Ces communautés s'établirent sur les
frontières orientales de la Russie, sans
l'intervention du gouvernement : elles
s'établirent en Turquie et, tels les Ne-
krassovtsi, conservèrent leur organisa-

tion communale chrétienne, y vécurent et
vivent encore paisiblement sous la domination du sultan. D'autres communautés
semblables se transportèrent soit en Chine,
soit dans l'Asie centrale, et sans savoir où
elles étaient, vécurent pendant un long
espace de temps, se passant fort bien
de tout gouvernement, en ayant leur
propre administration. La population rurale, c'est-à-dire la majeure partie de la
Russie, vit de même; elle supporte simplement le gouvernement, mais n'en a
aucun besoin. Il en fut toujours ainsi :
le gouvernement fut pour la Russie un
fardeau, non un besoin.

Donc l'absence d'un pouvoir central
qui assure par la force les droits des
propriétaires fonciers sur la terre ne fera
qu'aider à l'institution de la vie communale agricole que le peuple russe considère
comme la condition absolue de la bonne
vie. Le gouvernement une fois disparu,

la terre deviendra libre et tous les hommes
auront sur elle des droits égaux.

C'est pourquoi les Russes n'ont nul
besoin d'imaginer de nouvelles formes
sociales pour remplacer les anciennes.
Ces formes existent chez le peuple et ont
toujours été conformes aux besoins de
sa vie sociale.

C'est l'ancienne institution du *mir*,
groupement communal dont les membres
ont des droits égaux ; c'est l'*artel*, association industrielle ou commerciale ; c'est
enfin la propriété commune de la terre.

La transformation qui est en train de
se faire dans le monde chrétien et qui
commence aujourd'hui chez le peuple
russe se distingue des anciennes révolutions précisément par ce fait que celles-ci
détruisaient sans rien mettre à la place,
ou bien substituaient à un régime de
violence un autre non moins violent,
tandis que celle-là n'aura rien à détruire.

Il suffirait de s'abstenir de toute participation à la violence, ne pas arracher la
plante naturelle pour la remplacer par une
artificielle, mais simplement écarter tout
ce qui arrête sa croissance. La grande
révolution ne sera pas réalisée par les
hommes pressés, présomptueux, igno-
rants qui, ne se doutant pas que la cause
du mal contre lequel ils luttent est juste-
ment la violence sans laquelle ils croient
ne pouvoir vivre, détruisent aveuglément
la tyrannie présente pour la remplacer
par une autre. Elle sera réalisée par
ceux qui, sans rien détruire ni changer,
supporteront sans lutte tous les actes
d'oppression, à condition de ne pas participer au gouvernement du pays, de ne
pas lui obéir, et qui organiseront leur vie
en dehors de lui.

La population agricole de la Russie,
qui est la grande majorité, doit continuer
à vivre de sa vie rurale, communale, et

simplement *ne pas participer à l'œuvre du gouvernement et ne pas obéir à ce dernier*.

Plus le peuple russe conservera la vie commune qui lui est propre, et moins sera possible l'intervention dans son existence du pouvoir tyrannique, et plus facilement il sera aboli ; car il trouvera de moins en moins de motifs d'intervention, et les exécuteurs de ses actes de violences seront de moins en moins nombreux.

C'est pourquoi, à la question : quelles seront les conséquences du refus d'obéissance au Gouvernement ? on peut répondre avec certitude : la violence, qui oblige les hommes à guerroyer et qui les prive du droit à la terre, disparaîtra.

Les hommes, une fois libérés, n'étant plus en lutte entre eux, pouvant jouir du sol, dirigeant tous leurs efforts à lutter contre la nature et non contre leurs semblables, retourneront d'eux-mêmes au travail de la terre, si sain, si moral, si naturel, base de tous les travaux humains, et que seuls peuvent négliger ceux qui font de la violence le principe de leur vie.

Le refus d'obéissance au gouvernement doit conduire les hommes à la vie agricole. Celle-ci à son tour les conduira tout naturellement à l'organisation de petites communautés placées dans les mêmes conditions de vie rurale.

Il est fort probable que ces communautés ne resteront pas isolées : en raison des conditions économiques, ethniques ou religieuses, elles formeront de nouvelles fédérations libres, mais d'un tout autre caractère que les anciens États groupés par la contrainte.

La condamnation de la violence ne saurait empêcher l'union des hommes ; toutefois, les unions fondées sur l'accord mutuel ne peuvent se former que lorsque seront détruites les unions fondées sur la violence.

Pour édifier une maison nouvelle et solide sur l'emplacement de celle qui tombe en ruines, il faut démolir les vieux murs, pierre par pierre, et construire à nouveau.

Il en est de même des groupements que les hommes peuvent créer après la destruction de ceux qui se maintenaient par la violence.

XI

CE QUE DEVIENDRA LA CIVILISATION

Mais que deviendront les fruits de tout labeur humain, que deviendra la civilisation?

C'est le retour au singe et à la vie de la nature, comme écrivait Voltaire à Rousseau en lui disant d'apprendre à marcher à quatre pattes. Et c'est ce que redisent tous ceux qui sont persuadés que la civilisation dont nous jouissons est un bien si grand qu'ils n'admettent même pas l'idée de renoncer à quoi que ce soit de ce qu'elle nous a donné.

« Comment! s'écrieront ces hommes, vous voulez remplacer nos villes, avec leurs chemins de fer électriques, souterrains et aériens, leur éclairage électrique, musées, théâtres et monuments, par la commune rurale, forme grossière de la vie sociale depuis longtemps délaissée par l'humanité? » Parfaitement, répondrai-je; vos villes avec leurs quartiers de misérables, les *slums* de Londres, de New-York et des autres grands centres, avec leurs maisons de tolérance, leurs banques, les bombes dirigées autant contre les ennemis du dedans que ceux du dehors, les prisons et les échafauds, les millions de soldats; oui, on peut sans regret supprimer tout cela.

« Notre civilisation est un grand bienfait », répètent ces hommes. Mais ceux qui en sont persuadés constituent le petit

nombre. Ce sont ceux qui non seulement
vivent au milieu de cette civilisation, mais
vivent *par elle* dans l'abondance, presque
dans l'oisiveté, en comparaison du labeur
du peuple travailleur. Et ils vivent ainsi
uniquement parce que cette civilisation
existe.

Tous ces empereurs, rois, présidents,
princes, ministres, fonctionnaires, militaires, propriétaires, marchands, ingénieurs, médecins, savants, artistes, pro-
fesseurs, prêtres, écrivains sont certains
que notre civilisation est un si grand bien
qu'ils n'admettent pas la pensée qu'elle
puisse disparaître, voire être seulement
modifiée.

Mais demandez à l'énorme masse agricole de n'importe quel pays, — slave,
chinois, hindou, russe, comprenant les
neuf dixièmes de l'humanité, — si la
civilisation tant chérie par les classes
intellectuelles est un bien ou non? Et

ces masses vous répondront dans un tout autre sens : elle diront qu'elles ont seulement besoin des terres, d'engrais, d'irrigation, de soleil, de la pluie, de bois, de bonnes récoltes, d'instruments aratoires peu compliqués et faciles à fabriquer sur les lieux par les paysans eux-mêmes.

Quant à la civilisation, la population rurale ne la connaît pas, ou la voit sous son vrai côté : débauche des villes, iniquité des juges, prisons, bagnes, impôts, palais inutiles, musées, monuments, douanes entravant le libre échange, canons, cuirassés, armées ravageant les pays étrangers. Elle dira : si c'est là votre civilisation, non seulement elle est inutile, mais encore nuisible.

Ceux qui jouissent des avantages de la civilisation prétendent qu'elle est un grand bien pour toute l'humanité ; mais ils ne sauraient être dans cette question

19.

ni juges ni témoins, car ils sont la partie
intéressée.

Certes, nous avons fait du chemin, au
point de vue du progrès technique. Mais
qui a fait ce chemin? L'infinie minorité
qui vit en parasite des travailleurs. Par
contre, le peuple qui peine pour tout
ceux qui jouissent de la civilisation continue à vivre partout, dans tout le monde
chrétien, comme il a vécu il y a cinq ou
six siècles, ne bénéficiant qu'à de rares
instants des miettes de la civilisation.

Même en prenant les choses au mieux,
la distance qui le séparait des classes
riches il y a six siècles, loin d'avoir
diminué, s'est plutôt accrue. Je ne veux
pas dire par là, comme d'aucuns le
croient, qu'après avoir compris que la
civilisation n'était pas un bien absolu,
il faille rejeter tout ce que les hommes
ont appris durant leur lutte contre la
nature. Je dis qu'afin d'être certain que

les acquisitions de l'humanité lui sont
réellement utiles, il faut que tous les
hommes, et non une minorité, en jouissent; il faut que la masse ne soit pas
obligée de se dépouiller au profit de
quelques-uns, sous le fallacieux espoir
que les avantages de la civilisation profi-
teront aux générations futures.

Lorsque nous contemplons les pyramides d'Égypte, nous sommes effrayés
de la stupide cruauté de ceux qui les ont
fait construire et de l'inconcevable servilité de ceux qui les ont construites. Or,
combien est plus stupide et plus odieux
le fait d'édifier des maisons de dix à
trente-six étages dont les hommes d'aujourd'hui sont si fiers ! Autour d'eux
s'étend la terre, avec ses prairies, ses
forêts, ses eaux limpides, son air pur,
ses oiseaux, ses animaux, l'espace où
rayonne le soleil; et pourtant, ils s'efforcent à cacher la lumière, ils bâtissent

d'énormes cités, où il n'y a ni herbe ni
arbres, où l'eau et l'air sont viciés, où
les denrées sont falsifiées et où toute la
vie est malsaine et pénible.

N'est-ce pas l'indice d'une vraie folie
de toute une société qui se glorifie des
insanités qu'elle commet? On pourrait
citer bien d'autres exemples. Regardez
autour de vous, et vous trouverez à
chaque pas des inventions semblables à
ces bâtisses à trente-six étages qui valent
bien les pyramides d'Égypte.

Les défenseurs de la civilisation disent
encore : « Nous sommes tout prêts à corriger ce qui est mauvais, mais il faut conserver intact tout ce qui a été acquis par
l'humanité. »

C'est ce que dit exactement au médecin
le débauché qui a compromis sa santé,
et qui est prêt à faire tout ce que celui-ci
lui ordonne, à condition de pouvoir continuer sa vie de débauche.

Nous disons à cet homme que le seul
moyen d'améliorer sa situation est de
modifier son genre d'existence. Il est
temps de dire la même chose à l'humanité chrétienne, et il est temps qu'elle le
comprenne.

La faute inconsciente, — et parfois
consciente, — que commettent les défenseurs de la civilisation, est de la considérer comme un but, un résultat, toujours comme un bien, tandis qu'elle
n'est qu'un moyen.

La civilisation sera un bien quand
ses produits seront bien employés. Les
explosifs sont utiles pour l'établissement
d'une voie ferrée, terribles dans une
bombe. Le fer est utile pour la fabrica-
tion des charrues, funeste lorsqu'il sert
à faire des obus ou des verrous de prisons. La presse peut répandre de bons
sentiments et de sages idées, mais avec
plus de succès encore elle peut ser-

vir des idées fausses et pernicieuses.

La question de savoir si la civilisation est utile ou nuisible ne peut être résolue que lorsqu'on sait ce qui prédomine dans la société du bien ou du mal. Dans notre société, où la minorité opprime la majorité, elle constitue un grand mal. Elle est une arme d'oppression de plus.

Les classes supérieures doivent enfin comprendre que leur civilisation, ou leur culture, n'est qu'un moyen, une conséquence de l'esclavage dans lequel la grande majorité des travailleurs est maintenue par un petit nombre de privilégiés.

Il est temps de comprendre que notre salut est de ne pas continuer à suivre la voie sur laquelle nous nous sommes engagés, ni de conserver ce que nous avons acquis, mais de reconnaître que nous avons suivi une fausse voie, que nous sommes tombés dans une fondrière

d'où nous devons nous efforcer de sortir.

Il ne faut pas prendre souci de tout ce
que nous traînons après nous, mais au
contraire, rejetant comme une charge
inutile ce qui nous embarrasse le plus,
s'efforcer d'arriver jusqu'à la terre ferme,
serait-ce à quatre pattes.

L'homme aura une vie bonne et sensée lorsqu'il saura choisir la meilleure
parmi les voies qui se présentent à lui.
Or, dans sa situation actuelle, l'humanité
chrétienne doit choisir entre deux moyens :
ou bien s'en tenir à la civilisation exis-
tante qui assure la plus grande somme
de bonheur à une minorité, alors que la
majorité est maintenue dans la misère et
l'esclavage ; ou bien sacrifier une partie
des conquêtes de la civilisation, voire
toutes les conquêtes avantageuses au
petit nombre, et cela à l'instant même,
sans remettre à plus tard, une fois qu'on

aura reconnu que ce sont précisément
ces avantages qui empêchent le grand
nombre d'être libéré de la misère et de
l'esclavage.

XII

LES LIBERTÉS ET LA LIBERTÉ

On ne cesse de réclamer actuellement
toutes sortes de libertés : liberté de la
parole, de la presse, de conscience, de
réunion, d'association, de travail, de tel
mode d'élection, etc., etc. ; cela prouve
qu'on se fait une idée fausse, notamment
nos révolutionnaires, de la liberté en
général. Simple et intelligible pour tous,
la liberté ne saurait imposer tels actes
plutôt que d'autres et qui peuvent être

20

contraires à nos désirs ou à nos intérêts.

Cette incompréhension de la liberté et le malentendu qui en découle, appelant liberté la faculté que quelques-uns accordent à d'autres de faire certaines choses, constituent la plus funeste des erreurs. Il ne faut pas croire que la soumission servile à l'oppression gouvernementale est une situation naturelle, et que le fait d'être autorisé à commettre des actes déterminés constitue la liberté. Cette situation rappelle celle des esclaves qui avaient la faculté de fréquenter les églises le dimanche, de se baigner lorsqu'il faisait chaud, de raccommoder leurs vêtements pendant leurs rares instants de loisir, etc.

Que l'on fasse pour un instant abstraction de nos coutumes et superstitions établies, que l'on envisage la situation d'un membre quelconque de l'Etat, — quel que soit le régime, despotique ou démo-

cratique, — et l'on sera effrayé du degré
de servitude dans lequel il vit, tout en se
croyant libre.

Partout, quel que soit le pays où nous
vivons, il est au-dessus de nous une foule
de gouvernants qui nous est totalement
inconnue et qui cependant réglemente
notre vie. Et plus l'organisation politique
est perfectionnée, plus serrées sont les
mailles des lois qui nous enserrent. Tout
est strictement réglementé : comment et
à qui on doit prêter serment, c'est-à-dire
promettre d'obéir à toute loi qui est ou
sera promulguée ; comment et où on doit
se marier (on ne peut épouser qu'une
femme, mais rien n'empêche de fréquenter les maisons de tolérance) ; comment
on peut divorcer ; comment on doit élever
les enfants, quels parmi eux il faut considérer comme légitimes ou illégitimes ;
de qui et comment on doit hériter, et
comment les biens se transmettent.

D'autres règlements stipulent les cas
de violation des lois; qui et comment on
doit juger et punir; ils indiquent l'époque
où un citoyen doit se présenter lui-même
au tribunal, soit comme juré, soit comme
témoin; à quel âge il est permis de jouir
du travail des auxiliaires, des ouvriers,
et même quel nombre d'heures ceux-ci
peuvent travailler; quelle nourriture on
doit leur donner. Ils fixent quand et comment on doit inoculer à ses enfants des
maladies préventives; quelles sont les
mesures à prendre ou à subir lors de
telle ou telle épidémie, soit sur les
hommes, soit sur les bêtes; les écoles
où il faut envoyer les enfants; la super-
ficie et la résistance des maisons qu'on
doit construire; comment on doit tenir
les chevaux et les chiens, se servir de
l'eau; l'endroit où l'on doit passer lorsqu'il n'y a pas de route.

Ils établissent différents degrés de châ-

timents pour les violations de toutes ces
lois et de bien d'autres encore. On ne
saurait énumérer, en effet, les innom-
brables lois et règlements auxquels
l'homme doit se soumettre. Le fait
d'ignorer les lois ne saurait être une
excuse (bien qu'il soit impossible de les
connaître toutes) pour un citoyen de la
plus libre des nations.

De plus, tout homme est placé dans
la nécessité d'abandonner la plus grande
part du produit de son travail lorsqu'il
achète des objets de consommation, —
sel, bière, vin, étoffes, fer, pétrole, sucre
et ainsi de suite, — et cela afin de subvenir à des dépenses gouvernementales
dont l'utilité est ignorée du contribuable :
il doit payer les intérêts des dettes con-
tractées on ne sait par qui à des époques
éloignées. Il doit également abandonner
une partie de son travail à chacun de ses
déplacements, lors d'un héritage ou de

20.

la conclusion d'une affaire quelconque.
Enfin, il doit donner une grande part de
son travail pour occuper la terre sur
laquelle il a construit son habitation et
qu'il laboure. De sorte que la majeure
partie de son travail est absorbée par les
impôts, douanes, monopoles, au lieu de
servir à améliorer sa situation et celle
de sa famille.

Ce n'est pas encore tout : dans la plupart des cas, il doit, aussitôt l'âge venu,
servir dans l'armée, — l'esclavage le
plus cruel, — et aller guerroyer. Dans
certains pays, en Angleterre ou en Amérique, on a même la faculté d'acheter
un remplaçant. Une fois placés dans cette
situation, les hommes non seulement ne
s'aperçoivent pas de leur servitude, mais
au contraire en sont fiers; ils se considèrent comme les citoyens libres de
grandes puissances : Angleterre, France,
Allemagne, Russie; ils rappellent ainsi

les laquais qui tirent orgueil de l'importance des maîtres qu'ils servent.

En réalité, il semblerait naturel qu'un
homme en pleine possession de sa force
morale, se trouvant dans une situation
aussi humiliante, dût se demander :
« Pourquoi souffrirais-je tout cela? Mon
intention est de vivre le mieux possible,
de travailler, de nourrir ma famille, de
décider en toute indépendance ce qui est
mon devoir, ce qu'il me plaît ou me
déplaît de faire. Laissez-moi donc en
paix avec votre patrie russe, française ou
anglaise ; que celui qui en a besoin s'en
serve ; moi, je n'en ai aucun besoin. Vous
pouvez m'enlever par la force tout ce que
vous voulez, vous pouvez me tuer; quant
à moi, je ne veux pas aider et n'aiderai
pas à mon asservissement. »

Il serait si naturel d'agir ainsi, mais
personne ne le fait. La croyance en la
nécessité absolue d'appartenir à un Etat

s'est tellement enracinée dans l'esprit de
tous, qu'ils ne peuvent se résoudre à agir
comme leur dictent la raison et le sentiment de leur bien et de leur intérêt.

En travaillant eux-mêmes à leur servitude parce qu'ils croient à la nécessité
de l'Etat, les hommes font comme les
oiseaux qui, devant la porte ouverte de
leurs cages, restent dans leurs prisons,
autant par habitude que par l'ignorance
de la liberté.

Cette erreur paraît particulièrement
étrange de la part de ceux à qui la terre
fournit tout ce dont ils ont besoin, et
n'ont pas à recourir aux échanges, telles,
par exemple, les populations rurales de
l'Allemagne, de l'Autriche, des Indes,
du Canada, de l'Australie, et surtout de
la Russie. Elles ne retirent aucun profit
de la servitude à laquelle elles se soumettent bénévolement.

On s'explique la soumission des popu-

lations urbaines; leurs intérêts sont tellement liés à ceux des classes dirigeantes
que la servitude leur devient utile. Rockfeller n'a aucune raison de ne pas obéir
aux lois de son pays, car elles lui faci-
litent le gain et la protection de ses milliards au détriment de la masse populaire. Il en est de même de ceux qui
dirigent les entreprises de ce milliar-
daire, des employés de ses directeurs et
des employés de ses employés. Il en était
ainsi, lors du servage en Russie, de la
domesticité du château par rapport au
serf attaché à la glèbe : sa servitude lui
était utile. Mais quelles sont les raisons
qui poussent les populations agricoles,
l'immense majorité des Russes, à se soumettre à des autorités dont elles n'ont
aucun besoin?

Prenons, par exemple, des familles qui
vivent dans le gouvernement de Toula,
en Posnanie, au Kansas, en Normandie,

en Irlande, au Canada. Les gens de
Toula n'ont aucun souci de l'État russe
avec ses Pétersbourg, Caucase, Provinces baltiques, ses accaparements de la
Mandchourie et ses ruses diplomatiques.
De même, ceux de Posnanie ne se sou-
cient pas de la Prusse, avec ses Berlin,
ses colonies africaines; les Irlandais, de
la Grande-Bretagne, avec ses Londres et
ses affaires d'Égypte, du Transvaal et
d'autres lieux; les habitants du Kansas,
des États-Unis avec ses New-York, ses
îles Philippines. Et pourtant, ces gens
doivent abandonner la plus grande part
du produit de leur travail, apprendre le
métier des armes, et participer à des
guerres qu'ils n'ont pas déclarées, obéir
à des lois qu'ils n'ont pas établies.

On leur fait croire, il est vrai, qu'en
obéissant à des hommes inconnus d'eux,
pour tout ce qui a dans leur vie une importance capitale, ils obéissent à leur

propre volonté, puisqu'ils ont choisi
comme leur représentant l'un des mille
élus totalement inconnus d'eux. En réalité, y croit seulement celui qui le veut
bien, qui a l'intention de tromper les
autres et soi-même.

Quiconque est membre d'un État ne
saurait être libre ; et, plus grand est
l'État, plus la force brutale est nécessaire,
moins on peut y trouver la vraie liberté.
Il faut une violence spéciale pour grouper et maintenir en un tout des peu-
plades diverses ; c'est ainsi que se sont
constituées la Grande-Bretagne, la Russie, l'Autriche. Dans les petits États, en
Suisse, au Portugal, en Suède, il faut
déployer à cet effet moins d'efforts ; mais
en revanche, les citoyens y éludent moins
facilement les exigences des autorités,
tandis que la sujétion y règne tout autant
que dans les grands Etats.

De même qu'il faut une corde solide et

douée d'une certaine élasticité pour nouer
et maintenir ensemble les petites branches d'un fagot, il faut employer une
certaine contrainte, appliquée d'une certaine façon, pour grouper dans un Etat
une grande agglomération d'hommes.
Pour attacher les branches ensemble, il
peut exister différentes manières de les
placer ; leurs essences mêmes peuvent
être diverses; mais la force qui les maintient ensemble est toujours la même.
C'est ce qui arrive dans un État fondé sur
la violence, quel que soit son régime :
absolutisme, autocratie, monarchie constitutionnelle, oligarchie, république. Si
l'union est maintenue par des lois que les
uns établissent et que d'autres appliquent
par la force, le degré de contrainte sera
toujours le même. Ici, elle se manifestera
sous une forme brutale, là, par la puissance de l'argent ; la différence entre les
deux systèmes se trouvera dans ce seul

fait qu'ici la violence pèsera davantage sur une certaine catégorie d'hommes, là sur une autre.

On peut comparer la violence gouvernementale à un fil noir sur lequel sont librement enfilées des perles. Les perles, ce sont les hommes; le fil noir, c'est l'État. Tant qu'elles resteront sur le fil, elles ne pourront s'entremêler. On peut les pousser à une extrémité, le fil ne sera plus visible à cette extrémité, mais le sera à l'autre : despotisme. On peut diviser les perles régulièrement en laissant entre elles des intervalles : monarchie constitutionnelle; on peut les séparer individuellement : république. Mais tant qu'on ne les aura pas retirées du fil, tant que celui-ci ne sera pas cassé, il sera impossible de le dissimuler.

Tant qu'existera l'État et la violence qui le maintient sous n'importe quelle forme, il ne peut y avoir de liberté,

21

de vraie liberté, telle que les hommes
la comprennent et l'ont toujours compris.

« Mais comment pourrait-on vivre sans
État? » demandent généralement ceux
qui ont pris l'habitude non seulement de
se considérer comme fils de leurs parents,
descendant de leurs aïeux, mais encore
comme Français, Anglais, Allemands,
Américains ou Russes, c'est-à-dire comme
appartenant à tel ou tel groupement imposé. Ils sont tellement habitués à cette
idée qu'il leur semble impossible de vivre
autrement qu'au milieu de ces agglomérations humaines n'ayant aucun lien intérieur; cela leur paraît aussi impossible
qu'il y a des milliers d'années il parais-
sait impossible de vivre sans les sacrifices faits aux divinités et sans les oracles
qui déterminaient les actes des fidèles.

Vous demandez comment nous vivrons
sans être sujets d'aucun gouvernement?

Comme nous vivons aujourd'hui, mais

sans les sottises et les vilenies que
nous commettons grâce à cette horrible
superstition. Nous vivrons de même,
mais sans enlever à notre famille le produit de notre labeur; on ne le donnera
plus sous forme d'impôts et de droits
de douane qui servent à de mauvaises
actions; nous ne participerons plus aux
arrêts de la justice, aux guerres, ni à
aucune violence que commettent des gens
inconnus de nous.

Oui, c'est bien cette superstition qui, à
notre époque, ne répond plus à rien, qui
donne à des centaines d'hommes sur des
millions d'autres un pouvoir insensé que
rien ne justifie, et qui les prive de la
vraie liberté. Un homme qui vit au Canada,
au Kansas, en Bohême, en Ukraine, en
Normandie, ne saurait être libre tant
qu'il se considère, — s'en vante même, —
être exclusivement Anglais, Américain,
Autrichien, Russe, Français. Le gouver-

nement non plus ne saura donner à ses
nationaux une liberté effective tant que sa
mission consistera à assurer l'existence
d'un groupement aussi impossible et insensé que l'est celui de la Russie, de l'Angleterre, de la France, de l'Allemagne.

Ainsi, la cause principale, sinon unique,
de l'absence de la liberté est la superstition étatiste. Les hommes peuvent être
privés de la liberté quand ils ne sont pas
groupés en Etat ; mais lorsqu'ils le sont,
la liberté est à coup sûr impossible.

Ceux qui font aujourd'hui la révolution
russe ne s'en doutent pas ; ils luttent pour
la conquête des diverses libertés en
s'imaginant que c'est là le but de la
révolution qui commence. Mais son but
et son résultat final est bien plus élevé
que ne le voient les révolutionnaires. Il
réside dans la suppression de la contrainte
par laquelle se maintient l'État. Et le
chemin qui conduit à cette grande trans-

formation est semé de ces fautes et crimes
qui se commettent aujourd'hui dans les
couches superficielles de l'énorme masse
du peuple russe : au milieu de la peu
nombreuse population urbaine, des ouvriers de fabrique et de ceux qui s'inti-
tulent « l'*intelliguencia* ».

Toute cette activité complexe, qui a
pour stimulant le plus bas penchant de
vengeance, de colère, d'ambition, ne peut
avoir pour la grande majorité du peuple
russe que cette unique signification : elle
doit lui montrer ce qu'il ne doit pas
faire, ce qu'il peut et doit faire. Elle
doit montrer toute l'inutilité de l'effort
dépensé pour remplacer une forme gouvernementale violente et criminelle par
une autre aussi violente et aussi criminelle, et supprimer dans sa conscience la
superstition étatiste.

C'est en voyant les événements qui
défilent devant lui, les nouvelles formes

21.

de violence qui se révèlent dans l'action cruelle de la révolution : pogroms agraires et antisémites, ruines, grèves, qui privent la population de vivres, et surtout les meurtres fraticides, que les masses populaires commencent à comprendre que les nouvelles violences sont aussi funestes que les anciennes puisqu'elles se manifestent par les mêmes crimes et par des crimes nouveaux, que l'un et l'autre régimes ne sont ni pires ni meilleurs, mais tous les deux mauvais, qu'il faut par suite se délivrer de toute violence gouvernementale, et que cela est possible et très facile.

L'immense majorité du peuple russe, celle qui vit de la terre, qui a toujours réglé ses affaires par elle-même dans ses assemblées du *mir*, qui n'a pas besoin à cet effet de gouvernement, comprendra, en présence des événements actuels, qu'elle peut se passer de tout système étatiste, despotique ou démocratique, de

même qu'elle n'a besoin d'aucune chaîne,
ni courte ni longue, ni en fer ni en cuivre.
Le peuple n'a nul besoin de libertés particulières, mais seulement d'une seule
liberté, vraie, complète, naturelle.

Comme il arrive souvent, la solution
des questions qui semblent difficiles est
des plus simples; de même, pour réaliser
cette pleine liberté, il est inutile de lutter
contre le gouvernement, d'imaginer tel ou
tel mode de représentation nationale qui
sert plutôt à cacher aux hommes leur état
de servitude; l'insoumission suffit.

Que le peuple cesse d'obéir au gouvernement, et aussitôt disparaîtront
impôts, accaparement dès terres, armées,
guerres et toute contrainte; cela est si
simple et semble si facile !

Pourquoi donc les hommes ne l'ont-
ils pas fait jusqu'ici et ne le font-ils pas
aujourd'hui ? Parce que pour refuser
d'obéir à l'autorité humaine, il leur faut

obéir à Dieu, c'est-à-dire, vivre d'une
vie bonne et morale.

Plus ils vivront ainsi, plus ils seront
en mesure de ne plus se courber devant
la puissance des hommes et de s'en
affranchir.

Il est impossible de se dire tout à
coup : « Je ne veux plus obéir aux
hommes. » On ne peut le faire qu'en se
soumettant à la loi divine, suprême, commune à tous. On ne peut être libre en
violant la loi suprême de l'aide mutuelle,
ainsi que la violent par leur genre de vie
les classes riches des villes, parce qu'elles
vivent du travail des ouvriers, surtout
de celui des ouvriers des champs. On ne
peut être libre que dans la mesure où
l'on observe la loi suprême. Et son obser-
vance est difficile, presque impossible,
dans une organisation sociale où prime la
vie de villes et de fabriques, où le progrès humain est obtenu par la lutte de

tout instant. Elle est possible et facile dans une organisation où domine la vie rurale, où tous les efforts sont dirigés vers la lutte contre la nature.

D'où il s'ensuit que le refus d'obéir au gouvernement et de reconnaître les groupements artificiels en Etats, en patries, doit conduire les hommes à la vie naturelle pleine de joie et toute morale des communautés agricoles, se soumettant à leur propre règlement, intelligible pour tous et résultant du consentement mutuel, non de la contrainte.

Tel est la portée de la grande révolution qui s'effectue parmi les peuples chrétiens.

Comment se fera-t-elle? quelles phases elle traversera? il ne nous est impossible de le prévoir. Ce que nous savons, c'est qu'elle est inévitable parce qu'elle se fait et est déjà partiellement faite dans la conscience des hommes.

CONCLUSION

La vie a précisément pour but de dé-
voiler progressivement aux hommes ce
qu'ils ne connaissaient pas encore et de
leur indiquer si la voie qu'ils ont suivie
dans le passé était bonne ou mauvaise.

L'humanité marche en se faisant une
conception toujours plus nette de son
devoir, en abandonnant les anciens principes de la vie, devenus faux, et en en
établissant de nouveaux afin de s'y confor-

mer. Comme l'individu, l'humanité croît
en progressant constamment. Cette croissance est accompagnée de la reconnaissance graduelle des fautes commises,
et, par suite, de la volonté de ne plus y
retomber.

Mais il est des époques, tant dans la
vie d'un individu que dans celle de l'humanité, où la faute commise se dévoile
d'un seul coup, et où le remède qui peut
la corriger apparaît nettement. Ce sont
les moments de crise, de révolution ; nous
en traversons une aujourd'hui.

La seule loi que l'humanité ait connue
jusqu'ici est la violence. Pourtant, il vint
un temps où les hommes d'avant-garde
proclamèrent une loi nouvelle commune
à tous, la loi de l'aide mutuelle, de solidarité. Les hommes l'ont acceptée, mais
non dans son entière signification ; aussi,
tout en s'efforçant de l'appliquer, ont-ils
continué à vivre sous l'empire de la

violence. Puis, la doctrine chrétienne est venue confirmer la vérité, en proclamant comme unique loi, donnant à tous le bonheur suprême, la loi de l'aide mutuelle ; c'est elle qui a fait connaître la cause qui avait jusqu'alors empêché dans la vie l'application de cette loi.

Elle ne fut pas appliquée parce que les hommes croyaient nécessaire et bienfaisant l'emploi de la violence comme moyen d'arriver à d'heureux résultats. Aussi, regardaient-ils la loi du talion comme -juste. Le christianisme a montré que la violence était toujours funeste et que les représailles sont contraires à la nature humaine.

Mais l'humanité chrétienne, bien désireuse de vivre suivant la loi de l'aide mutuelle, ne l'a pas acceptée ; elle a continué, comme malgré elle, à vivre selon la loi païenne de la violence. Cette contradiction entre la morale et la pratique

22

eut pour résultat, chez les peuples chrétiens, d'accroître sans cesse les crimes de
la société en augmentant le confort et le
luxe de la minorité au détriment de la
majorité.

Enfin, en ces derniers temps, la vie
toute de crimes et de luxe des uns, toute
de misère et de servitude des autres, est
devenue plus mauvaise qu'elle n'a jamais
été. On le remarque particulièrement
chez les peuples qui ont abandonné
depuis longtemps la vie naturelle des
champs et qui ont été séduits par le
mensonge du régime constitutionnel.
Souffrant de leur situation malheureuse
et de la conscience de la contradiction
dans laquelle ils vivent, ces peuples
cherchent leur salut dans l'impérialisme,
le militarisme, le socialisme, la spoliation des terres, la guerre des tarifs, les
perfectionnements techniques, la débauche, dans des rivalités de toutes sortes,

sauf là où ils peuvent le trouver : la délivrance de la superstition étatiste et le
refus d'obéir à la violence gouvernementale, quelle que soit la forme qu'elle
prenne.

Grâce à sa vie rurale, à l'absence du
mensonge constitutionnel, et surtout à
son attitude chrétienne à l'égard de la
violence, le peuple russe, après la cruelle,
inutile et malheureuse guerre où il fut
entraîné par son gouvernement, après
la spoliation de la terre, a ressenti plus
tôt que les autres peuples les princi-
pales causes des malheurs qui abreuvent
aujourd'hui l'humanité chrétienne. Voilà
pourquoi se produit précisément chez
lui la grande révolution qui s'impose à
toute l'humanité et qui, seule, peut l'arracher à ses souffrances inutiles.

Telle est la grande portée de la révolution qui commence en Russie. Elle n'a
pas encore commencé chez les nations

d'Europe ou d'Amérique, mais les causes
qui l'ont provoquée en Russie sont les
mêmes pour tout le monde chrétien. La
guerre japonaise a également montré la
supériorité inévitable des peuples païens
sur les peuples chrétiens dans l'art de la
guerre. Comme nous, toutes ces nations
plient sous le poids des armements croissants et indéfinis; chez elles aussi la
situation de la masse ouvrière est misé-
rable, et le mécontentement est général
par suite de la spoliation du droit naturel
à la terre.

La plupart des Russes voient nettement
que la cause de tous leurs maux provient
de leur soumission aux pouvoirs publics,
et qu'ils doivent se résoudre, ou à ne plus
être des hommes libres et raisonnables,
ou à ne plus obéir au gouvernement.

Les nations d'Europe et d'Amérique se
rendent également à l'évidence ou si le
mensonge constitutionnel et la vanité de

leur vie les en empêchent encore, ils s'en
apercevront bientôt.

La participation à la violence gouvernementale — que les hommes appellent
liberté d'action — les a conduits à la servitude, aux maux qui en résultent, et les
conduira bientôt à de plus grands malheurs encore. L'excès de ces maux
les amènera immanquablement au seul
moyen possible d'affranchissement, à
l'insoumission au gouvernement, et partant, à l'abolition des États groupés par
la violence.

Pour que cette grande révolution se
réalise, il suffit que les hommes comprennent que l'État, la patrie, est une
fiction, tandis que la vie et la vraie
liberté sont des réalités. On ne doit donc
pas sacrifier la vie et la liberté à la coali-
tion artificielle appelée État, mais il faut,
pour avoir une vraie vie et une vraie
liberté, se délivrer du fétiche-État et de

la criminelle obéissance aux hommes qui
en résulte.

C'est bien ce changement dans l'attitude des hommes envers l'Etat et les
pouvoirs publics qui marque la fin d'un
monde et le commencement d'un nouveau.

TABLE DES MATIÈRES

LA LEÇON DE LA GUERRE

LA FIN D'UN MONDE

Paris. — L. MARETHEUX, imprimeur, 1, rue Cassette.

Extrait du Catalogue de la BIBLIOTHÈQUE-CHARPENTIER
à 3 fr. 50 le volume
EUGÈNE FASQUELLE, ÉDITEUR, 11, RUE DE GRENELLE

LITTÉRATURE RUSSE

APOUKHTINE (A.-N.)
La Vie ambiguë, traduction de W. Bienstock........................ 1 vol.

COURRIÈRE
Histoire de la littérature contemporaine en Russie............ 1 vol.

DOSTOIEVSKI
Journal d'un Écrivain, traduction de W. Bienstock et J.-A. Nau......... 1 vol.
Les Frères Karamazov, traduction de W. Bienstock et Ch. Torquet...... 1 vol.

GORKI (MAXIME)
Dans les Bas-Fonds, pièce en 4 actes, traduction de Halpérine-Kaminsky. 1 vol.

LÉON TOLSTOI
Plaisirs vicieux, traduction de Halpérine-Kaminsky................... 1 vol.
Plaisirs cruels,　　—　　　　—　　　　..................... 1 vol.
La Vraie Vie,　　　—　　　　—　　　　..................... 1 vol.
Appels aux dirigeants,　—　　　　　................. 1 vol.
Conseils aux dirigés,　—　　　　　................. 1 vol.
Le Grand Crime,　　—　　　　　................. 1 vol.

LITTÉRATURE POLONAISE

MICKIEWICZ
Chefs-d'œuvre poétiques.................................... 1 vol.

HENRYK SIENKIEWICZ
Le Déluge, traduction du Comte Wodzinski et de B. Kozakiewicz.......... 1 vol.
Par le fer et par le feu,　　—　　　　—　　....... 1 vol.
Messire Wolodowski,　　　—　　　　—　　....... 1 vol.
Quo Vadis, traduction de B. Kozakiewicz et de J.-L. de Janasz.......... 1 vol.
Les Chevaliers Teutoniques, traduction du Comte Wodzinski et de
B. Kozakiewicz... 1 vol.

LITTÉRATURE SCANDINAVE

KNUT AMSUN
Pan, traduction de Mme Rémusat............................... 1 vol.

BJOERNSTJOERNE BJOERNSON
Au-dessus des forces humaines, trad. du Cte Prozor et de Lugné-Poé. 1 vol.
Laboremus, traduction de Mme Rémusat...................... 1 vol.

LITTÉRATURE SLAVE

COURRIÈRE
Histoire de la littérature contemporaine chez les Slaves........ 1 vol.

968. — L.-Imprimeries réunies, rue Saint-Benoît, 7, Paris.